「不惜身命」特別版 ビジュアル海外巡錫シリーズ

大川隆法
フィリピン・香港
巡錫の軌跡

PHILIPPINES & HONG KONG

〔監修〕大川隆法
宗教法人 幸福の科学 編

大川隆法

フィリピン・香港

巡錫の軌跡

フィリピン
MAY 21, 2011 "LOVE AND SPIRITUAL POWER"
at Ynares Sports Center

香港
MAY 22, 2011 "THE FACT AND THE TRUTH"
at Kowloonbay International Trade&Exhibition Center

INTRODUCTION

本書は、大川隆法総裁が全世界を駆けめぐり、全身全霊で説法を続ける不惜《ふしゃく》身命《しんみょう》の姿を記録した海外巡錫《じゅんしゃく》写真集・第３弾である。

2011 年５月下旬、大川隆法総裁は、２日連続でフィリピン・香港の２カ国をまたいだ巡錫を敢行し、説法を行った。

フィリピンでは約 6000 人の聴衆を集めた大講演会を開催し、英語による渾《こん》身《しん》の説法を行った。ローマ・カトリックのキリスト教国としてはアジア最大の国であるフィリピンの宗教的土壌において、今回の講演では、初めて聴いた一般参加者約 2300 人のうち 90%を超える人がその場でハッピー・サイエンスのメンバーになるという奇跡的反響となった。メディアでも好意的に迎えられ、ラジオ数局での講演生放送、国営テレビや新聞十数紙等、取材が殺到した。

翌日の香港巡錫では、フィリピン講演の大声量で声がつぶれたハプニングを、ユーモアを交《まじ》えての軽快な説法に変えつつ、法話に「自由」の価値を織り込み、聴衆に中華圏の自由な未来像を期待させた。「欧米人並みのユーモアの分かる稀《まれ》なる日本人」というコラムも見られた。

大川隆法総裁の説く教えが、地域や文化、宗教、人種の違いを超えて受け入れられている事実は、そこに集っている人々の輝く笑顔が証明している。本書を通し、今、新たな世界宗教が出現しようとしている「時代性」を感じ取っていただければ幸いである。（編集部）

大川隆法　フィリピン・香港巡錫の軌跡　CONTENTS

2011年、大川隆法総裁は、アジア各国を中心に巡錫《じゅんしゃく》。
インド・ネパールに続き、今回はフィリピン・香港で連続講演。
フィリピンでは一般参加者の9割を超える約2100人以上が入会するなど、
伝道の歴史に新たなる伝説の１ページが刻まれた！

SCHEDULE

大川隆法 フィリピン・香港巡錫 日程

FROM JAPAN TO THE PHILIPPINES & HONG KONG

2011年、大川隆法総裁は過去最多の説法記録を打ち樹《た》てた前年を上回るペースで、精力的に説法を続けている。本書に収録したフィリピン・香港巡錫が行われた5月には、1カ月間で18回の説法をこなし、年明けから100回目を突破。当月は累計説法回数が1500回を突破した月でもあった。大川隆法総裁の伝道にかける「不惜身命《ふしゃくしんみょう》」の情熱は滾《たぎ》る一方である。

海外巡錫前後の説法

5/15 "Beyond Human Destiny" **人類の運命を超えて**
(東京・幸福の科学東京正心館《しょうしんかん》)

5/17 "There is a river." **川がある。**
(東京・幸福の科学総合本部)

5/18 "The Real Exorcist" **真実のエクソシスト**
(東京・幸福の科学総合本部)

フィリピン・香港巡錫

5/21 "Love and Spiritual Power" 愛と霊界の秘術
(フィリピン・Ynares Sports Center)

5/22 "The Fact and The Truth" 「事実」と「真実」
(香港・Kowloonbay International Trade & Exhibition Center)

5/25 「2012年人類に終末は来るのか?」
「2012年人類に終末は来るのか?②—スティーヴン・スピルバーグ守護霊の霊言—」
(東京・幸福の科学総合本部)

PROLOGUE
プロローグ

奇跡は「神の救済の証明」である。

幸福の科学グループ創始者 兼 総裁
大川隆法

この世で起きてはならない結果が起きることを、「奇跡」と呼んでいます。その奇跡を引き起こす原因は、ただ一点に要約することができます。それが「信仰」です。

当初、幸福の科学は、非常に理性的で知性的な団体、インテリと言われる人々が数多く集まっている団体であったため、意図的に、あまり奇跡を起こさないでいたところもありました。

しかし、もはや止めることができなくなり、数多くの奇跡が起き始めました。今では、日本を超え、フィリピンやアフリカでも奇跡が起きています。「医者に見放された、治るはずのない患者の病気が治ってしまう」ということが現実に起きているのです。

これは、この世においては例外的なことかもしれませんが、神の救済の証明であると思います。その証明のために、一定の例外として、そういうことが起きているのだと思うのです。

みなさんのなかにも、そうしたことの証明役となる人がいるかもしれません。「神あるいは仏といわれる偉大な神霊によって遣《つか》わされた人間として、この世に生まれて生きている」ということを証明するために、そのような奇跡が身に臨むこともあると思います。

（『真実への目覚め』第1章「神秘の力について」より）

MISSION 1
MAY 21 2011
PHILIPPINES
AT YNARES SPORTS CENTER

ppines

フィリピン

2011年5月21日、大川隆法総裁は、アジアのキリスト教大国・フィリピンを巡錫《じゅんしゃく》し、アンティポロのイナレス・スポーツ・センターで"Love and Spiritual Power"と題する講演会を行った。
講演を聞いた一般参加者、約2300人の9割を超える2100人以上が新たに入会するなど、会場は歓喜で満ち溢《あふ》れた。
ここでは、フィリピン巡錫のすべてを再現する。

フィリピン講演会
2011年5月21日

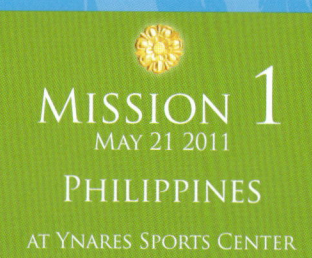

Phili

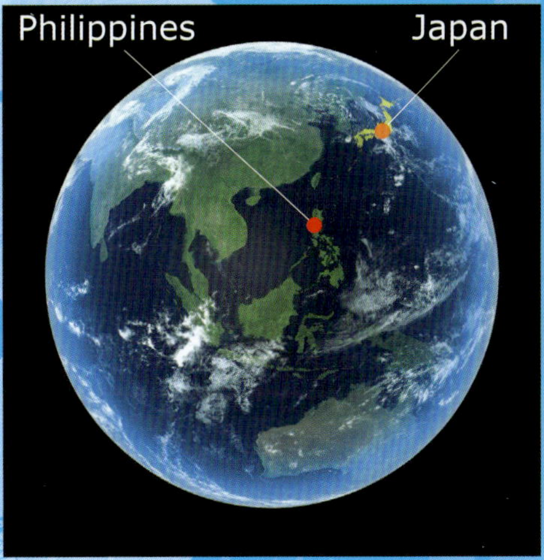

このページでは、
アジア最大のキリスト教国・
フィリピンの国柄について紹介します。

フィリピンの歴史と現地事情

アジア最大のキリスト教国

フィリピンは、16世紀のスペイン統治開始以来、欧米圏の影響を受けてきたため、国民の大多数はキリスト教を信仰している。**国民の80%以上がカトリックに、約10%がプロテスタントに属し、アジア最大のキリスト教国**となっている。
社会の隅々にまでキリスト教が入り込んでおり、人々の信仰心も篤《あつ》く、礼拝には家族揃《そろ》って参加することが多いため、週末の教会は、参拝する信者でいつも溢《あふ》れ返っている。
しかし、一部の地域ではキリスト教と少数派のイスラム教との対立もあり、また貧困問題や環境問題など、現代のさまざまな社会問題を解決する新たな教えが望まれており、ハッピー・サイエンスにその期待を寄せる人が急増している。

商業地パサイに建つ「Jesus the way」聖堂

熱帯魚・クマノミも見られる

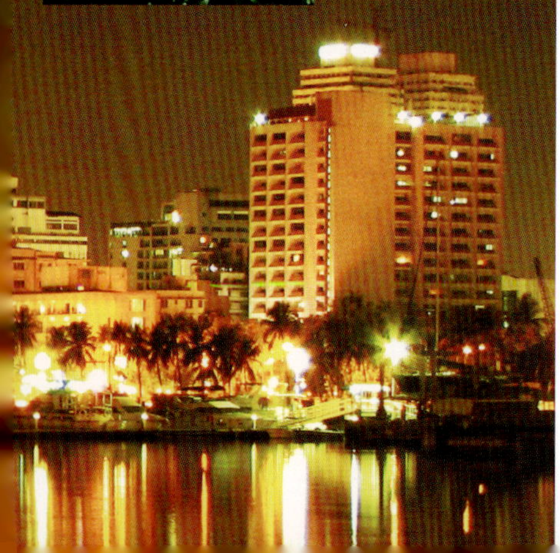

馬車カレッサは名物の一つ

ココナッツ、バナナなどを輸出

ドリアンなど南国フルーツの産地

フィリピンは、ココナッツ、パイナップル、バナナ等を輸出産物とする農業国。また、フィリピンの一番の輸出先は日本で、電子機器などを輸出している。

about the Philippines

7107の島々から成る群島国家

フィリピンは、7107の島々から成る群島国家。国土面積は299,404平方キロ（日本の約8割）。人口は約9400万人（世界第12位）。

年間平均気温 26～27度

フィリピンは、1年を通して気温・湿度ともに高い熱帯気候。雨季と乾季がある。年間平均気温は26～27度になる。

フィリピン独特の交通手段、トライシクル

欧米の文化的影響

16世紀にスペインが統治を開始し、19世紀末期に統治国がアメリカへと変遷。1946年、独立を果たす。フィリピンには、キリスト教文化をはじめとする、欧米の文化的影響が根強く残っている。

高層建築が集中する
マニラシティの夜景。

5/17 マニラで現地マスコミ合同記者会見を実施

大川隆法総裁 フィリピン講演会 5月21日に決定！

大川隆法総裁のフィリピン講演会の開催日程が正式に決定したことを受け、マニラホテルにおいて合同記者会見が開かれた。当日は、現地テレビ・新聞・ラジオなど、マスコミ各社の記者数十人が集まった。

五月二十一日の大川隆法総裁のフィリピン講演会開催を前に記者会見が行われた。

会見では、まず幸福の科学国際本部の市川和博局長から、幸福の科学と大川隆法総裁の紹介が行われた。

「ハッピー・サイエンスは世界規模の団体であり、世界各国にメンバーがいます。その広がりは、遠くボツワナ、モナコ、ハイチ、ベナンといった国まで及んでいます。マスター・リュウホウ・オオカワは、どうしたら幸福になれるかを教えています。インドでは、数多くの新聞、テレビがこの事実を伝えました。このチャンスを逃さないでほしい」と語った。

さらに、フィリピン支部の榊《さかき》原《ばら》俊尚《としひさ》支部長（当時）と、現地信者を代表してロベルト・サンタアナさんとアバ・パール・カヒグさんの挨拶《あいさつ》があった。

榊原支部長は、自らの入信体験を語った後、この教えがフィリピンで必要とされている理由について、「フィリピンに来て、人々がとても宗教的なことに驚いた。一方で、人間関係や病気、経済苦などの問題を抱えている。彼らがエル・カンターレの愛の教えによって変わっていくのを見た」と訴えた。

会見を受け、マスコミ各社から、講演前の事前告知や、全国生中継、開催レポート等の報道がなされた。（P.50参照）

講演4日前

女性記者から真っ先に出た質問は、キリスト教国らしく、聖書で説かれる「最後の審判」について。ちょうどフィリピン国内では2012年の終末思想を不安に思う人が増えつつある状況だった。

質疑応答では、幸福の科学の特徴的な教えについて、興味深い教義問答がなされた。以下、一部を紹介。

Q1 「最後の審判」をどう考えるか？

A 私たちは、「運命は自分の力によって変えられる」と信じており、明るい未来を拓くために活動している。今回、この国は、至高神を迎えるという一大契機が訪れた。エル・カンターレの訪問は未来を根本的に変えるということを知ってほしい。

◆

Q2 「宗教」と「科学」の対立をどう和解するのか？

A すべての物事には原因があって結果がある。これは物理学だけの話ではなく、人生においても通じる考え方。私たちが探究しているのは「幸福の科学」「信仰の科学」。科学的アプローチで、信仰を強め、幸福を成し遂《と》げる道を探究している。

◆

Q3 「宗教」と「政治」の関わりについてはどう考えるか？

A 幸福の科学は、「政治と宗教は一致している」と考えている。私たちは、精神だけではなく、現実にも幸福にしようと思っている。人々の幸福のために、政治と宗教は一つとなってユートピアを実現するべき。これが私たちのスタンス。

『大川隆法インド・ネパール巡錫の軌跡』を手に、「マスター・オオカワは、2007年からワールドツアーに出ており、今回はフィリピンを選ばれた」と説明する幸福の科学・市川和博 国際局長。

マスターがやってくる!
講演参加を熱心に呼びかける

「ハッピー・サイエンスのマスター・リュウホウ・オオカワが日本からフィリピンにやってきます！」――このビッグ・ニュースに心躍ったフィリピンの会員たち。二度とない奇跡の機会を、一人でも多くの人に伝えなければ……。そう思うとじっとしていられない。

会員たちは、各地で大川隆法総裁の講演会を知らせるために東奔西走《とうほんせいそう》。毎朝７時から出かけ、夜中まで村々を回る。野外に立って話をすれば、何事かと大勢の人が集まってくる。熱を込めてハッピー・サイエンスの素晴らしさを語り、「会員になってマスターをお迎えしよう」と呼びかけると、入会希望者が続出。講演会まであと２日――。

セミナー後、「私にも下さい！」と入会申込書を求める人々。この日、入会希望者のために用意していた幸福の科学の根本経典『正心法語《しょうしんほうご》』221冊だけでは足りなくなってしまった。

講演2日前

アンティポロの野外会場で講演会への参加を呼びかける会員。この日は400人が集まった。（P.62 参照）

マスター・リュウホウ・オオカワは、
私たちの主であり、
奇跡そのものである方です。
この奇跡をシェアしてほしい。

日没後も、「もう一軒、もう一軒」と
時間を惜しんで、村々の戸口に立つ会員たち。

街は講演会の話題で持ちきり

いよいよ、世界的に有名な日本の宗教指導者 Master Ryuho Okawa講演会が開催！

広告には " 世界的に有名な、日本の宗教指導者 " との説明がある。

講演前夜

マニラ市内のビル群には、
15 メートル四方の巨大な幕広告も。

会場へ到る道

会場へ向かうメインロードには、左右の街灯一つ一つに、マスターの講演会を知らせる幕広告が掲げられる。この日の夕方から、いよいよ待ち望まれた大川隆法総裁の講演が始まる。フィリピンにとって初めて訪れる、真理の福音を待つ静寂のひととき——。

講演当日

大川隆法総裁の講演会場に選ばれたのは、アンティポロのイナレス・スポーツ・センター。さまざまな競技の国際大会や、キリスト教会の大規模な記念行事等にも使われる、国内の屋内会場としては最大級の多目的施設である。

会場へ押し寄せる人波

開場時間。各地から次々とバスが到着。人々がバスから降り立つ。瞬く間に会場周辺は人波で溢《あふ》れ返っていく。

この日のために、会場正面の左手奥方面、徒歩数分の場所に、バス専用の駐車スペースを確保。2000㎡ほどはあろうかと思われる巨大な空間に、160台以上のバスが隙間なく停められていくさまは壮観だ。

野外にはテント下にモニター会場も設置。開場直後から座席はギッシリ埋まる。

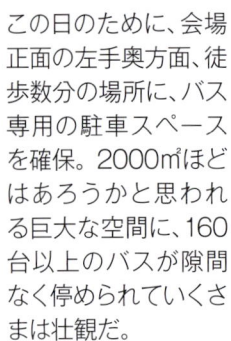

ついに開場

RRCG
DVD on Board
RRCG Trans
MAYAMY Trans

MASTER RYUHO OKAWA
Saturday May 21 2011
"Love and Spiritual Power"
Place Ynares Sports Center
Time 3:00pm
0918-272-3650

フィリピンは6月から雨季。いったん雨が降り始めると、鍋をひっくり返したような土砂降りが続く。激しい雨量のため、すぐ道路が洪水になる。

突然の豪雨――
会場が水浸しに

当日の天気予報は夕方から雨。「台風が接近中」との知らせに、講演の開催が危ぶまれる。しかし、人々は会場にどんどん集まってくる。開演1時間前、ついに激しい雨が会場を襲う。外部モニター会場はみるみるうちに水浸しに――。

一方、豪雨の報を受けた日本の会員たちは、日本の地から無事の開催を一心に祈っていた。

開演1時間前

突然の豪雨に襲われた

開演直前
雲間から光が――

視界を遮《さえぎ》るほどの豪雨が、開演直前にピタリと止んだ。明るくなった雲間からは光が射し込み、外部モニター会場のテントを照らす。開演わずか10分前のドラマに歓声が上がった。会場では「雨が街をきれいに洗ってくれた」「祝福の雨だ」と、誰彼なく言葉を交《か》わし合った。急に雨脚《あまあし》が弱まった時刻は日本でお祈りを始めた直後だったという。現地ではとても暑い日が続いていたさなかに降ったスコールのおかげで気温も下がり、「過ごしやすくなった」という声も聞かれた。

開演10分前

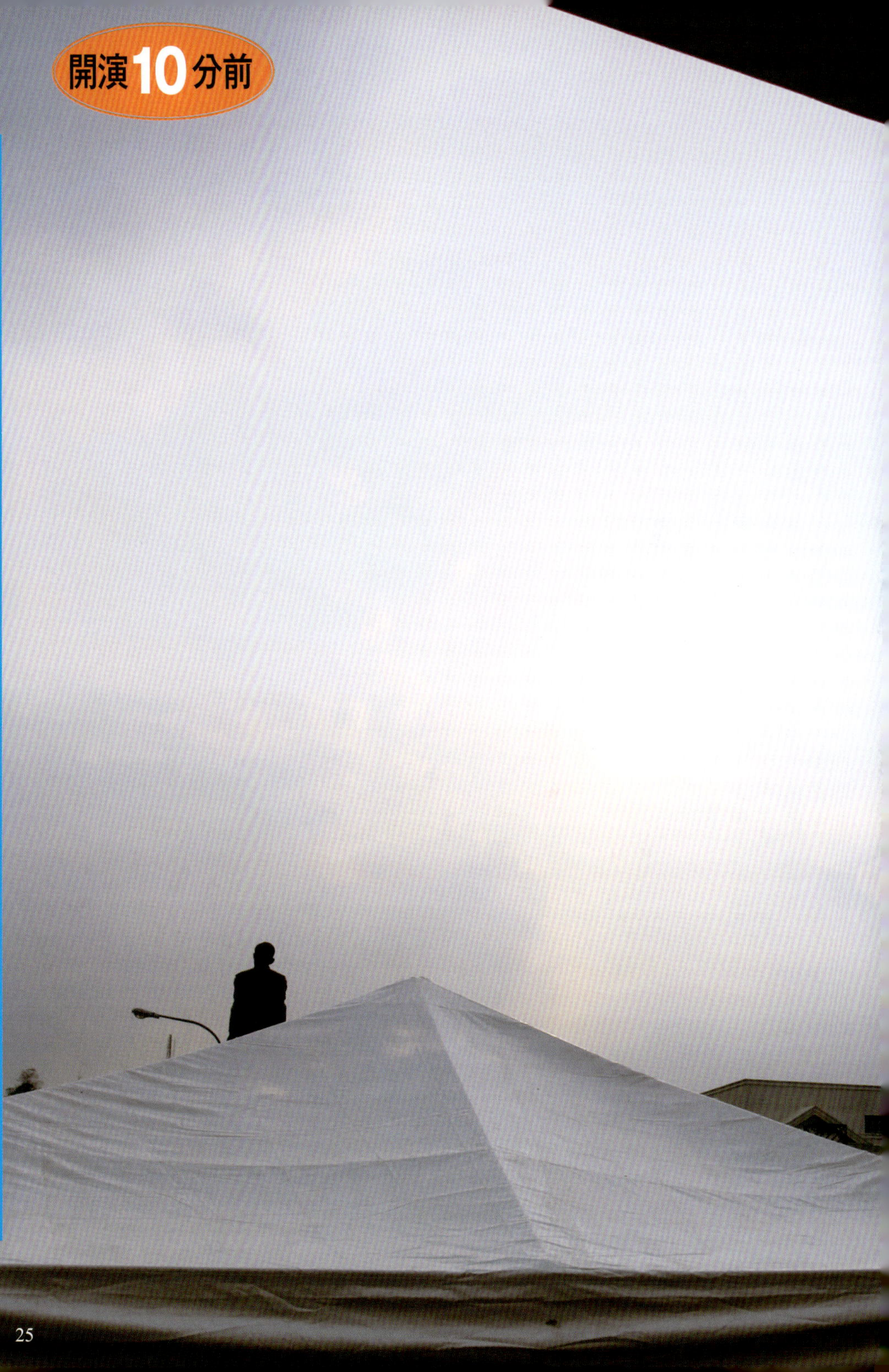

全参加者で歌う聖歌

“Wings for the Future”のハーモニーが会場を包む

夕方５時、第１部が開演。初めて幸福の科学の行事に参加するノン・メンバーのために、幸福の科学のガイダンス映像が流れる。そして、全員で立ち上がり、幸福の科学の聖歌 "Wings for the Future"（未来への翼）を斉唱。この曲は、フィリピン支部恒例の "Sunday Prayer"（日曜礼拝）の際に歌われている聖歌。

参加者全員で "Panalangin Sa Panginoon"（タガログ語版「主への祈り」）が捧《ささ》げられた。

第1部 開演

高い注目度！国営テレビ局の会場インタビュー

フィリピン国営テレビ放送局「NBN」の取材を受ける国際本部職員。ラジオ３局の全国生中継の他にも、テレビ３局、新聞・タブロイド18紙、ラジオ３局が当日の模様を報道し、関心の高さをうかがわせた。

地鳴りのような歓声が満場から沸き上がり、聴衆が次々と立ち上がる。ついに大川隆法総裁、登壇。

奉納曲が高らかに鐘を打ち鳴らしながらフィナーレ。
ほの暗くなった空間、一瞬の静寂《せいじゃく》が包む。
紺青《こんじょう》のステージをスポットライトが萌葱《もえぎ》色に照らし出し、
満場の歓声、そしてスタンディングオベーション。
ついに、大川隆法総裁が登壇した——。

Hello, Philippines!
Hello, everyone!
I'm very happy!

フィリピンのみなさん、こんにちは。
私はとても幸せな気持ちに
満たされています。

大川隆法総裁、フィリピン第一声。

舞台中央の巨大な幕のドレープが左右に開く。
大川隆法総裁、登壇。両手を高く振りながら演壇へ進むマスターを
6000人の聴衆が一斉に立ち上がって迎える。歓声が鳴り止まない。

LOVE AND SPIRITUAL POWER
愛と霊界の秘術

I came here
as a Second Coming of Saviors,
not only the son of God,
but his Father Himself.

私は、救世主の再来として、ここに来ました。
しかし、単なる「神のひとり子」ではありません。
私は、「天なる父」そのものなのです。

I came here not to make new guilty people. I came here just to bless you. You are blessed people.

私がここに来たのは、
新たに罪深い人々をつくるためではありません。
私がここに来たのは、
ただ、あなたがたを
祝福するためです。
あなたがたは、
祝福された人々なのです。

If you have love in your mind,
if you have compassion in your mind,
if you have some courage to help people,
you are succeeding every day.
You are helping God every day.

もし、あなたがたの心のなかに、
愛の心があれば、慈《いつく》しみの心があれば、
また、他の人々を助けようとする勇気があれば、
あなたがたは、日々、勝利していると言えます。
あなたがたは、日々、神の仕事を手伝っているのです。

は、その声で、全身全霊で応《こた》える。

私は、この地上に、平和をもたらしたいのです。
幸福の科学とキリスト教、
カトリックの間に違いはありません。
愛の力によって、私たちは一体となることができます。

マスターの呼びかける一言一言に、全聴衆

I now want to realize,
establish peace on this earth.
There are no differences
between Catholicism,
Christianity and Happy Science.
We can be one by the power of love.

I'm not just the rebirth of Buddha.
I am the first one.
I am the beginning.
I am the origin.
I am Alpha.
I am Elohim.
I am El Cantare.
Its meaning is the light of the Earth.

私は、単なる仏陀の生まれ変わり
ではありません。
私は、「始原」なのです。
私が、始まりなのです。
私が、根源です。
私は、アルファです。
私は、エローヒムです。
私は、エル・カンターレです。
それは、
「地球の光」という意味です。

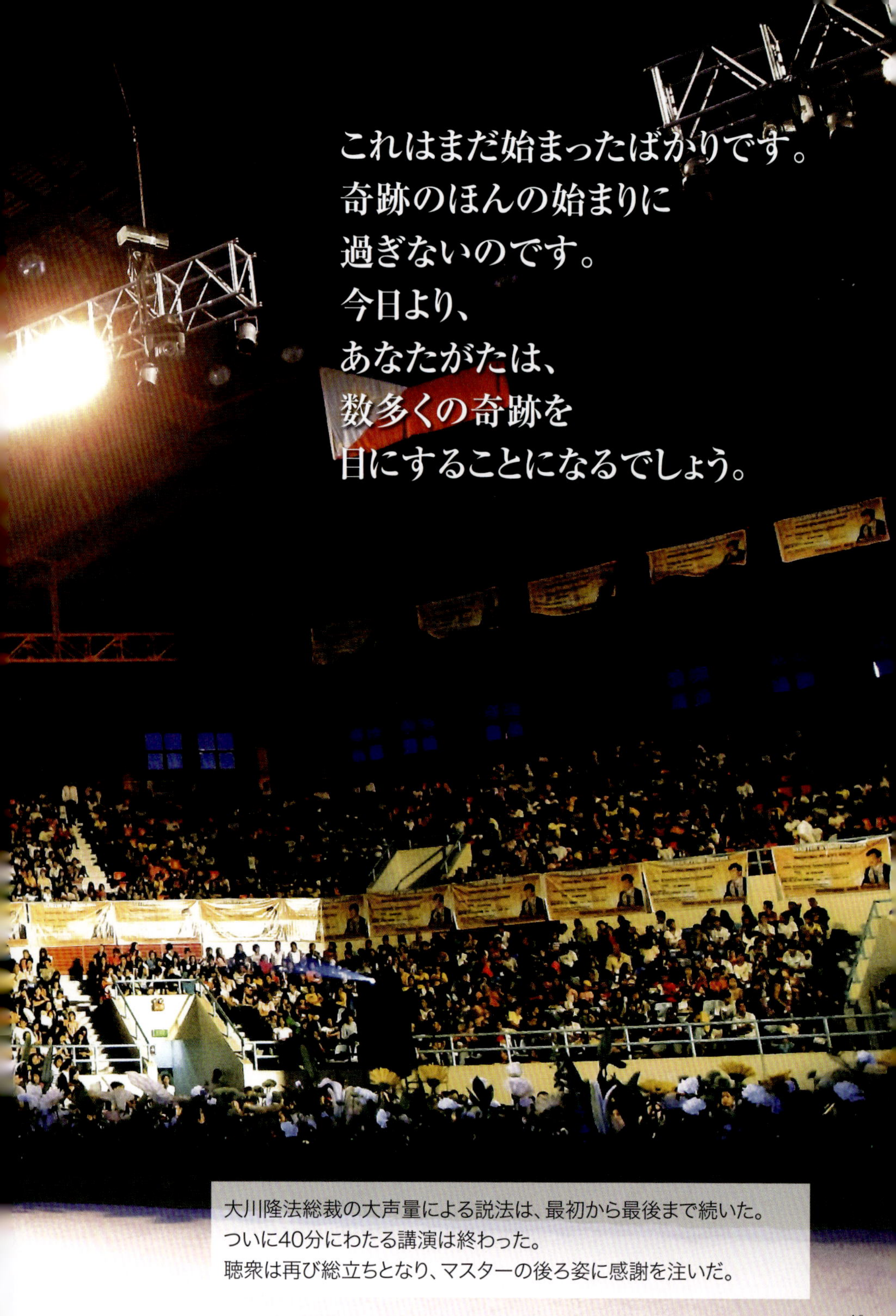

これはまだ始まったばかりです。
奇跡のほんの始まりに
過ぎないのです。
今日より、
あなたがたは、
数多くの奇跡を
目にすることになるでしょう。

大川隆法総裁の大声量による説法は、最初から最後まで続いた。
ついに40分にわたる講演は終わった。
聴衆は再び総立ちとなり、マスターの後ろ姿に感謝を注いだ。

It's just the beginning.
It's just the beginning of the miracle.
You shall see the miracle from today.

CLOSING WORDS

今日より数多くの奇跡を目にすることだろう

フィリピンでは、八〇～九〇パーセントの国民が教会に属していると聞きました。しかし、幸福の科学もカトリックとは仲間です。私たちは同じ使命を持っています。つまり、「世を救う」という使命です。

信仰は全能です。信仰の力を信じてください。信仰こそ、この世において、人々をより幸福にするための出発点なのです。

私は単なる仏陀の生まれ変わりではありません。私は、「始原」なのです。私が、始まりなのです。私が、根源です。私は、アルファです。私は、エローヒムです。私は、エル・カンターレです。それは、「地球の光」という意味です。

あなたがたが今まで持っていた信仰は、私たちの信仰と合致するものです。私たち幸福の科学は、イエス・キリストの教えと同じです。それは、マホメットの教えと同じです。それは、モーセの教えと同じです。それは、孔子の教えと同じです。それは、ソクラテスの教えと同じです。

マスターの力強い一言一言を食い入るように聞き入る聴衆たち。

すべては同じ根源から来ているのです。あなたがたは、その根源を、今、目の当たりにしているのです。
今日より、あなたがたは数多くの奇跡を目にすることになるでしょう。あなたがたは、明日より、天国へのもう一つの道を歩むことができるでしょう。そして、他の人々を救う力を持つことになるでしょう。

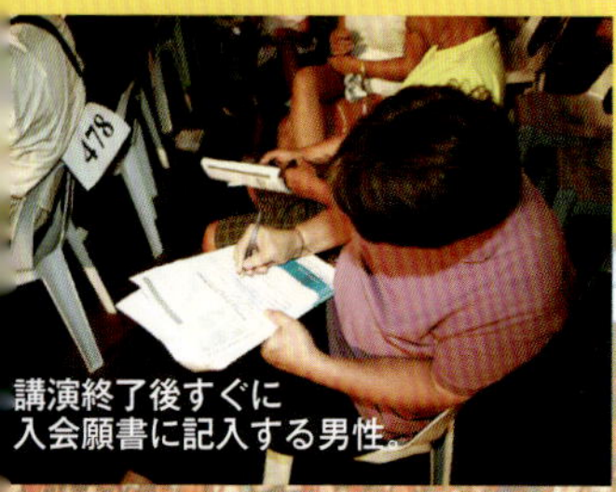

講演終了後すぐに
入会願書に記入する男性。

奇跡の40分は過ぎた。
満場の歓声がいつまでも続く。
やがて、会場に明かりが戻る。
司会から聴衆全員に、
「Congratulations!」
と祝福の言葉が投げかけられる。
今日という歴史的瞬間に
立ち会った一人一人が、
奇跡を見た時間をかみしめる。

マスターの講演を初めて聴いた一般参加者約2300人のうち、9割を超える2100人以上がその場で入会!

ハッピー・サイエンスの入会願
書を手に喜ぶ新入会員。

主エル・カンターレの弟子として出発することを誓う。

"Do you believe in El Cantare?" "Yes, I believe!"

そして、司会は聴衆に呼びかける。
今日からハッピー・サイエンスのメンバーになりたい人は――
「Stand up, Please!」
一斉に起立する人々。会場どこを見渡しても、入会希望者ばかり。
今日、初めてマスターの講演を聴いた参加者のうち、9割を超える人々、2100人以上が、新たに、主エル・カンターレへの信仰を誓《ちか》った。
そして、その喜びを込めて、信仰の宣誓を証《あか》す入会願書にサインした。

Notice!

幸福の科学への入会は、**主エル・カンターレ、大川隆法総裁**を信じる人なら誰でも可能。他の宗教に所属している人でも、主を信じ、真剣に学ぶ気持ちがあれば、入会を許されている。**フィリピンではカトリックのまま入会する人がほとんど**だが、学びが進んでいくうちに、幸福の科学の活動に専念するようになる人が多い。さらに、主の弟子として本格的に修行したい人は**「三帰誓願《さんきせいがん》」**をすることができる。(P.112参照)

大川隆法総裁の講演を聴いて
★現地インタビュー★

新入会!

今日は私にとって**最良の日**です。なぜなら、**エル・カンターレが私に神秘の力をくださった**のだから！（20代男性）

聴衆は**正しい道、方向へ導かれた**と思います。どの方向を向いていいか分からない人、何をしていいか分からない人に、マスターは**正しい方向**を示されました。**エル・カンターレに向かう宗教的な道を示した**と思います。（30代女性・会員）

新入会!

今日、マスターのレクチャーに興味を覚えたので、もっと学びたいと思い、入会を申し込みました。**マスターの言葉は、ゴッド・ワーズ（神の言葉）**です。この教えで、世界中を一つにまとめることができると思いました。（40代男性）

良かった!! **マスターの言葉が大好き**です。私は、**マスターの言葉を実行するためにベストを尽くします。**今回は、私たちの国フィリピンへ来ていただき、ありがとうございます。私はこのレクチャーを聴く本当に良いチャンスを得ました。ありがとうございます！またフィリピンに戻ってきてください。（20代女性・会員）

マスターを見たとき、私は**喜びのあまり言葉を忘れ、ただ拍手**せざるを得ませんでした。（30代女性・会員）

マスターの前で、ともに喜び、涙し、心が一つにつながった。

新入会!

マスターの説くすべての言葉にのみ込まれました。**とても知的で誠実な人**です。（20代女性）

新入会!

とても美しく、私の人生に**新たな希望を与えてくれました。**マスターのレクチャーは**霊感に満ちた世界のよう**です。（20代女性）

「人々が神の言葉を聴く機会に恵まれる」という素晴らしいニュースです。**主の美しいメッセージが限りなく多くの人びとに届いたことを感謝**します。またアンティポロの地に戻ってきてくれることを願っています。（40代男性・会員）

すごい！素晴らしい！とても**霊感に満ちて**いて、多くのことを学ぶことができます。**今日のセミナーは人生に一度あるかないかという機会**です。**マスターのレクチャーは真実**にほかなりません。私は、今日の素晴らしい日を主に感謝いたします！（20代男性・会員）

会場には、十数年来、フィリピン伝道のサポートを続けている日本人ボランティアの西谷隆典さんと島聡一郎さんの姿も。

アバ・パール・カヒグさん
（20代・フィリピン大学 大学院生）

マスターは優しい人ですね。インスピレーションをいただきました。初めてマスターと同じ空間に居合わせましたが、とても**パワフルで、影響力とインスピレーション**をお持ちの方でした。

今日のセミナーを聞けたことに感謝いたします。このセミナーは、**神に対して十分な信仰を持つとはどういうことか**ということと、**神を愛するということは困難なときに頼るべき強力な手段である**ことを、私に教えてくれました。**マスターの説くすべての教えが、とても重要**なことです。（30代男性・会員）

新入会!

マスター・オオカワは、子供たちや、人々の困難な人生を助けるため、私たちに**本当の神の愛**を知ってほしく、また**神の祝福を共有**したいのだと思います。（10代女性）

とても素晴らしく力強かった！ マスターのフィリピン来訪と、**エル・カンターレが世界を照らし出されたことに感謝**いたします。（20代男性・会員）

イエスの父、エル・カンターレと出会えた感動（カトリック在家説教師）

アントニオ・オカンポさん
（67歳、クリスチャン）

直接にマスターの説法を聴き、座していられないほど感激！

キリスト教大国フィリピンで幸福の科学に入会する人の多くはクリスチャン。「主エル・カンターレはイエスが父と呼んだ存在」と信じるアントニオさんが、大川隆法総裁講演会の感激を語った。

フィリピン支部では積極的にボランティアを引き受け、その人柄が多くの人に慕われている。

私は先祖代々続くカトリックの家に育ち、長年、在家説教師としても活動してきました。

そんな私が、二〇〇九年六月、教えに感動し、ハッピー・サイエンスのメンバーになりました。それは、マスターが**『太陽の法』**で示されている**「愛の発展段階説」**です。愛が次々と拡大していくという教えのなかに、私は、**真実の神の姿を見た**のです。

それ以来、毎朝三時に起きては祈りを重ね、経典を繙《ひもと》き、日が昇ると**カトリックの説教師仲間を訪ね、今までに数十名の仲間がハッピー・サイエンスのメンバー**になりました。

今回、主がこの国に足を運ばれたことは、私にとって福音そのものです。マスターの説法を目の当たりにしたとき、すべての人を再び一つにする根源の力を感じ、**座っていることすらできないほどの伝道への熱意**を感じました。フィリピン全土に、神々の主の教えを弘《ひろ》めてまいります！

国営テレビ、ラジオ6局をはじめ、新聞6紙、タブロイド12紙が紹介!

フィリピン講演会は、記者会見の段階から各マスコミの注目を集め、各媒体で当日の大成功の様子が一斉に報道されました。

国営テレビ局が講演会の模様を放映

当日の講演会場には、国営放送「NBN」が取材に入った。開場後、メイン会場内では一般聴衆へのインタビューも行われ、マスターの講演を聴く機会を得られた喜びが口々に語られた。
また、当日収録された映像は、民放テレビ3局「TV-5」「RPN-9」「IBC-13」でも放映された。

新聞・タブロイド紙でも

現地記者会見後、「世界的に高い日本の説教師が、尽きせぬ愛と繁栄を説きに来た」と、講演会の開催を1面で紹介した「Abante」紙。

ng Bgy. San Casimiro ng nasabing bayan at umano'y
of Barangay Captains. (Jojo de Guzman)

Love and spiritual power --- Nagbigay ng spiritual advice at spiritual power sa mga Pinoy si Master Ryuho Okawa ng Japan's Greatest Spiritual Preceptor sa Ynares Center, Antipolo City kahapon. Lumilibot ito sa iba't ibang bansa para magbigay ng spiritual advice. (Art Son)

「日本の最も偉大なスピリチュアルリーダー、大川隆法先生がフィリピンの人々に霊的指導と霊的パワーを与えた」と、「TONITE」紙。

「PEOPLE's JOURNAL」

「MANILA STANDARD TODAY」

「HATAW」

新入会!

ロリン・ハバタンさん
（43歳、フリージャーナリスト）

取材に訪《おとず》れ、三帰誓願《さんきせいがん》を決意した!

「最初は、取材に来ただけだったんですが……。しかし、**神がここにいて、自分がそれを見られたことは、『祝福《しゅくふく》』の一語でしか表せません。**この年、この月、この日、この場所で、マスターと出会い、メンバーになれたことは、定められていた運命だったんですね!」

マスコミ人から「教えに感動」の声

当日、講演会に参加したマスコミ各メディアの人々からは、「仕事を超えて、大変な感銘を受けた」という率直な感想が数多く寄せられました。

Voice

新聞社（女性）

感動的でした。**人生に新しい意味を与えてくれました。**大川先生の言葉を通じて、神がどれだけフィリピンの人々を愛してくださっているかが分かりました。

フォトジャーナリスト（男性）

エル・カンターレの教えは、すべての宗教は一つのものだと教えている。これがもし本当だったら、**世界中の宗教を統合することができる**でしょう。

ラジオ3局が講演会を全国生中継

大川隆法総裁のフィリピン講演会の内容は、国内最初のAMラジオ局でニュース専門局の「DZRB」とDZRBの姉妹局「DZRM」、さらに民放AM「DZRh」が全国生中継。その他にも、フィリピン三大ネットワークの一つGMAが運営する「DZBB」、フィリピン有数の新聞社INQUIRERが運営する「DZIQ」のほか、「DZWB」が当日の模様を報道した。

人気ラジオ番組に支部長が出演、ハッピー・サイエンスについて質問攻めに

大川隆法総裁の講演会直前には、フィリピン支部長が現地有名ラジオ番組に招待され、パーソナリティーからハッピー・サイエンスについての質問を受けた。
「ハッピー・サイエンスの教義とは?」「主エル・カンターレとはどういう存在か?」など、活発なやりとりが交わされた。

ザ・ドキュメント The Document

Excellent Supporters 30日間のドラマ

講演会の成功を陰で支えた若者たち…

フィリピン講演会の会場では、若者の参加者やボランティアの姿が目立った。
マスターに捧げられた彼らの聖なる夏"Summer Holiday"の1カ月間をたどる。

講演会お誘いに駆けた22人「若者伝道チーム」の奇跡

大川隆法総裁のフィリピン講演会で、お誘い活動の陰の立役者となったのは、「若者伝道チーム」だった。

四月下旬から五十日ほど、学生は夏休み期間に入る。フィリピン支部の学生たちは、今年の休みをマスターに捧《ささ》げることを決意。二十二人の若者が、各地の村々に講演会の開催を知らせる活動を始めた。朝は七時から日没まで、毎日七～八カ所の村を回る。ほとんど知らない場所で話をするのは大変な勇気が必要だった。

しかし、彼らの情熱は人々の心を動かした。数千人に声をかけ、バス百台以上の参加予約を取り付けたのだ。

彼らの目印は、「EL CANTARE」とバックプリントされたお揃《そろ》いのTシャツ。ひと仕事やり遂げた背中は喜びと充実感に溢《あふ》れていた。

Voice

「私たちのマスターが初めてフィリピンに来られるから、できるだけ多くの人と機会を共有したいと思い、御法話に招いてきました。マスター、ありがとう。こんなに素晴らしい教えと幸福を私たちにくれて」（レニー・ブェナベントゥラさん）

バスが間に合わない！ 2人の女子高校生が200人を会場へ導いた

講演会当日、アンティポロ市ダグリン村では、二百人以上の参加者が十台のバスで会場に向かうことになっていた。しかし、出発時刻の十二時になっても、二台のバスが来ない。参加者もなかなか揃わない。

早朝六時から誘導ボランティアを務めていた二人の女子高生、ジェイドさんとヤゴさんは気が気でなかった。

「今日はもう間に合わない」諦《あきら》めて帰ろうとする年上の参加者を必死で説得する。

「あなたたちはこんなことで、エル・カンターレと会う機会を放棄するの？」

人々を励まし、バス会社や運営本部と交渉し……二人の奮闘で、猛烈なスコールのなか、二時間遅れのバスは出発。一途に主を思う心が二百人を会場へ導いた。

Voice

「私たちは、メンバーになりたての頃、支部長に道を教えられて、今、エル・カンターレのもとに向かおうとしています。今度は、私たちが別の人にそれを教える番。だから、とってもワクワクしているの。マスターに出会うことができれば、みんながハッピーになるのは分かっているから」（マリア・アリアン・ジェイドさん）

講演会の早朝 主の会場を清めよう！

いよいよ講演会当日。会場となるイナレス・センターの前に、早朝から二十人の若者が立っていた。色とりどりの彼らのTシャツの胸にはROのマークが……フィリピン支部の若者たちだ。

「主が来られる前に、説法の場所を少しでも清めておきたい」

彼らは主に感謝の祈りを捧げ、一心に清掃に取り組んでいた。

大川隆法総裁フィリピン支部ご視察
感謝の心でマスターをお迎えして

講演会の前日、5月20日に、大川隆法総裁はフィリピン支部のタイタイ寺務所（当時）をご視察。熱心な地元信者たちが拍手で迎え、しばし心あたたまる交流の時を持たれた。

フィリピン支部タイタイ寺務所

寺務所のあるタイタイ市は、メトロマニラから車で30分ほど離れたベッドタウン。この地域には、フィリピンでの幸福の科学の活動が本格的に始まった当初から、毎週セミナーが開かれるほど熱心な信者が多かったため、2009年12月に拠点が開設された。

入り口から列をつくって待っていた信者一同の前に、大川隆法総裁は、にこやかに現れた。

ようこそ、マスター！私たちはあなたが大好きです!!

マスターは、信者代表から花束を贈呈されると、満面の笑みで応《こた》えられた。そして、数人と握手を交わし、拍手とともに礼拝室へと案内され、室内をひととおり視察された。マスターと対面した信者たちは、飛び上がらんばかりの歓喜の表情に包まれていた。

Voice

喜びはさめやらず
参列した信者の声から…

「言葉がなく……。アバ（父）よ」
「愛と幸福で、
今でもドキドキしています」
「今朝、自分が掃除をしていた上を
マスターが通られたなんて、
信じられると思う？」

Voice

マスターと握手して感激！
支部でお会いしたマスターは、**抱きつきたくなるような親しみ**を覚えましたが、講演会では**「世界を導く教師」**でした。しかし、どのマスターも、私たちに発されたメッセージは、**"I love all of you"**――この一つでした。マスターに会えて、本当に幸福です！（ジャン・サンタアナさん）

大川隆法総裁フィリピン支部ご視察 Side Story

私たち、マスターをお迎えするために心を込めて準備しました！

5/19——前日

明日はマスターが支部に来られる日。お迎えの事前準備のために20人以上の信者が集まってきた。

「マスターが来られるということは、私たちにとって"新しいクリスマス"だから」と、扉に電飾をあしらう人たち。

「これを履いてマスターと会うんだ」と、大事そうに靴箱から新品の革靴を取り出して見せる男の子。

待ちかねた心をなだめるように、トイレや階段を磨く女性。椅子を片付ける学生。一心に演台を磨く男性。

心づくしの準備は夕暮れまで続いた。

5/20——当日

ご視察当日。支部一番乗りは早朝5時に到着したレルマさん。毎朝掃除を続けている人だ。「マスターの通られる場所は全部きれいにしたい」と入り口の階段を清めていく。

6時には若者の信者有志が講演会場周辺の清掃に出発（P.53）。

9時30分、支部に人が集まり、主への祈りと感謝の瞑想を行う。「もう少しでマスターに会える」……そう思うと、感極まって涙を流す人も。

そして、マスター到着——。

WELCOME to the PHILIPPINES
Master Ryuho Okawa
We love you!!

大川隆法総裁、現地書店をご視察

新たなる福音の書に熱い注目！

メトロマニラ・ナショナルブックストア

色鮮やかな大川隆法著作シリーズ

5月20日、大川隆法総裁は、支部ご視察の後、フィリピン最大の書店チェーン「National Book Store」へ立ち寄られた。最も目立つ場所に大川隆法総裁の書籍がディスプレイされ、タガログ語の著者紹介文も添えられていた。

書店はメトロマニラ東のパシッグ市中心街の一角にある「シャングリラ・モール」内に入っている。人文コーナーの書棚最上段には、大川隆法総裁の著作シリーズの表紙が見えるように面陳されている。

写真でたどる
フィリピン伝道の歩み

フィリピン支部、奇跡的発展の背景
わずか2年間で信者数が40倍に急増！

いまや幸福の科学の信者が1万人を超えて発展中のフィリピンに、幸福の科学の支部が初めて開設されたのは、わずか２年前のこと。初代支部長を務めた榊原さんに、これまでのフィリピン伝道の歩みを振り返っていただいた話をまとめました。

2011年5月
現在の支部
支部の最新ショット。大川隆法総裁の講演会翌日、会員たちは支部に集まり、主への感謝を捧げ、ともに喜びをかみしめるパーティーを開いて盛り上がった。

Sakakibara Toshihisa
榊原俊尚さん

2009年8月
開設直後の支部

支部開設直後の様子。壁面にはオリジナルの横断幕が貼られている。海洋国家フィリピンをイメージしたブルーの地色に、ムー大陸の夕日を思わせるオレンジの文字で、エル・カンターレ信仰、四正道の教えなどが記されている。

法友たちとの出会いは天の配剤

フィリピンに幸福の科学の支部を新設することが決まったのは、二〇〇九年四月のこと。当時、活動らしき活動実態はほとんど見られず、ほぼゼロからの出発に近い状態からスタートした。

榊原支部長はフィリピンの国情や生活の研究をしながら、日本で行われた外国人向け研修に参加したフィリピン人女性信者に相談。現地の視察に同行してもらうことになった。

とりあえず支部長は女性の親族宅を訪問し、幸福の科学の教えを紹介したところ、その場で十四人が入会。

そこで、まずは知人をつてに、話を聞いてくれる人を紹介してもらう

2009年7月
初の拠点を開設

7月7日、御生誕祭と支部事務所開設式を開催。フィリピン最初の拠点は、メトロマニラのオルティガスに開設された。支部長の住居を兼ねた小さなスペースに、定員の2倍の会員が参集。フィリピン伝道の門出を祝った。

2009年10月
セミナーが大好評!

タイタイとアンティポロでセミナーを開催。セミナーの評判が口コミで広がり、あちこちからセミナーの要望を受け、定期開催化。8月から11月までの3カ月間での入会者が250人と急増した。

2009年8月
映画上映会が盛況

ミンダナオ大学の学生を対象に、サマール島のビーチで映画「黄金の法」上映会。大盛況で、参加者全員が入会した。

2009年12月
タイタイ寺務所新設

メトロマニラの郊外を中心に信者は増加を続け、地域密着の活動の場として、タイタイの寺務所が新設された。

ところから始めたのだ。

二回目は滞在先のホテルの部屋で行い、参加者の九人全員が入会した。このとき、〝天の配剤〟のような出会いがあった。参加した一人の女性（P.65）が教えに深く感銘し、「人を集めるので、六月にもセミナーを開いてほしい」と要請してきたのだ。

このとき支部長は、「いかに教えに感動をしていただくか」が伝道の鍵であることを実感。一回一回の説法を充実させるために全力を注ぐことにした。

そして六月のセミナー。キリスト教国であることを踏まえ、主エル・カンターレの説明として、「イエスが父と呼んだ至高神」、教えとして、「与える愛の実践方法」を中心に説明した。すると、参加者五十二人の

写真でたどるフィリピン伝道の歩み

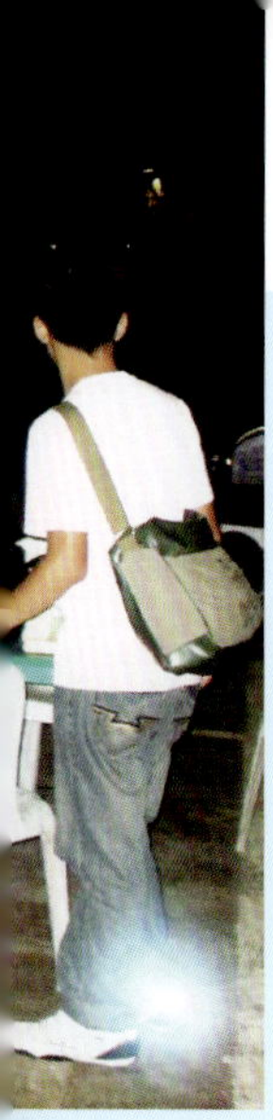

2009年11月
大学に書籍を寄贈

ダバオのミンダナオ大学で大川隆法総裁の英訳書籍の寄贈式が開かれた。寄贈式後にはセミナーも行われ、教授や講師11人が入会した。

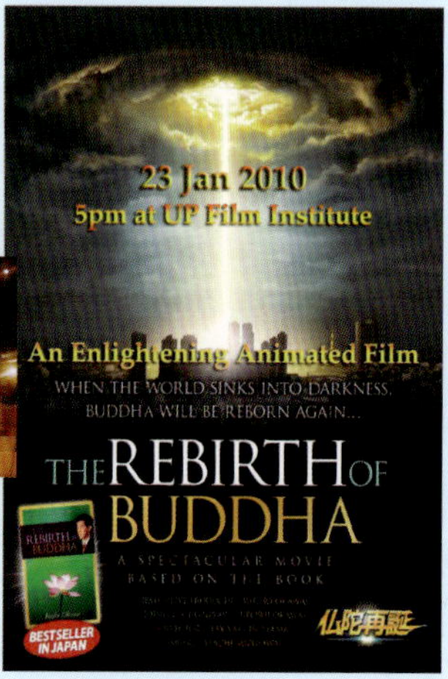

2010年1月
大学で映画上映会

名門フィリピン大学の専用シアターで映画「仏陀再誕」上映会を開催。約500人が参加。右のポスターは学生が上映会用にアレンジしてつくったもの。

うち三十一人が入会。そのなかには、長年、カトリック教会で在家説教師を務める年配男性（P.49）もいた。

地域に根を下ろす HS《ハッピー・サイエンス》コミュニティー

こうして、毎回のセミナーが口コミで評判を呼び、入会者が急増。

特に、メトロマニラ周辺のベッドタウン地域であるタイタイやアンティポロには熱心な信者が多く、定期的にセミナーや礼拝行事が開催されるようになると、毎週、家族揃《そろ》って行事参加する習慣が根づいてきた。

二〇一〇年七月の御生誕祭では、フィリピン流に歌と踊りを楽しむ祭典を行ったのを機に、信者同士の一体感が増した。以後、行事の始まりには幸福の科学の聖歌「未来への翼」

2011年3月
バスケットコートでセミナー

3月27日、マニラ近郊で開かれたセミナー。屋外のバスケットコートを借り、夜8時から行われた。若者の姿が目立つ。前年からこの場所で何度もセミナーが開かれてきた。「もうすぐマニラにマスターが来られます。会員になってマスターをお迎えしましょう」という呼びかけに、入会希望者が続出。

セミナー後には、入会を決意した人が支部長の前に長い列をつくった。この日は125人が入会。

を斉唱するのが恒例となった（フィリピン講演会第一部でも歌われた）。

さらに、不治の病が回復する奇跡を体験した会員が、残りの人生を信仰に捧《ささ》げることを決意。以後、毎週のセミナーお誘い、奇跡の語り部《べ》として熱心な活動を続け、爆発的な伝道活動の牽引《けんいん》役ともなった（P.62）。

こうして、二〇一〇年末までには信者が数千人規模に、年明け以降は大川隆法総裁の巡錫《じゅんしゃく》によってさらに加速し、半年足らずで倍増。実に、支部を新設してから二年間で四十倍の発展を遂《と》げることになった。それは一人一人の心が愛で結ばれ、愛の輪が広がる過程でもあっただろう。

いま、地域に根を下ろした喜びの場として、〝ハッピー・サイエンス・コミュニティー〟が花開きつつある。

Robert Sta.Ana
ロベルト・サンタアナさん
（42歳）
ロベルトさんに転機をもたらした姉のマリアンさん（右端）、榊原支部長（左端）とともに。

奇跡体験
Miracles Through Faith

腎不全から奇跡の回復 信仰の力が私を救った！

突然、腎不全を告知されたことをきっかけに、収入が絶《た》たれ、家庭不和に陥《おちい》ったロベルトさんの身に臨《のぞ》んだ信仰の奇跡をご紹介します。

Do you believe in the Lord?

「不治の病」と告げられて

二〇一〇年の五月のこと、私は医師から重篤の腎不全と告げられました。勤めていた職場は非情にも解雇。一家は無収入になり、家族関係は一気に険悪になりました。手術や透析治療の費用を払えるはずもなく、子供も休学せざるをえなくなったのです。

家族からの非難と、大きく腫《は》れ上がった腎臓の痛みに耐えつつ、自分の不《ふ》甲斐《がい》なさを責め続け、人生最期の時を鬱々《うつうつ》と待つばかりの日々でした。

そんな私の心に、温かくまぶしい光を吹き込んでくれたのは、ハッピー・サイエンスの榊原支部長でした。支部長は、熱心な信者である私の姉から相談を受け、わが家へお祈りに来てくれました。

支部長は、私の話に耳を傾けた後、家族の前でこんな話をしたのです。

「ロベルトさん、主は、全能の方です。主への信仰は、すべての病を解決する力を持っています。主を信じ、祈ってください。自分を責めることをやめ、もう自分を許してください」

「家族のみなさん、ロベルトさんに生きてほしいと願うなら、責めることをやめ、彼を愛し、主に祈ってください」

その瞬間、妻は号泣――。

「今まであなたを責めてごめんなさい。でも、本当にあなたを愛しています。生きてほしいの！」

「パパが治るためなら、僕たちも何でも協力するよ」

自宅で、時間の許すかぎりお祈りをし、経典を読み、瞑想を行うロベルトさん。特に、経典『Healing Yourself』(英語版『心と体のほんとうの関係。』)は、心の支えとなり、何度も読み込んだという。

子供たちも誓ってくれました。家族はその日、再び一つになったのです。

信じられない出来事

次の日から、家族は毎日、全員で「主への祈り」や「病気平癒《へいゆ》祈願」を祈ってくれるようになりました。

私は、マスター・オオカワの経典を読み、毎朝、瞑想を続けました。自分を責める心の傾向を見つめ、それを正そうとしました。毎週土曜日には支部へ行き、マスターの御法話を拝聴しました。

次第に自分を苛《さいな》む心は薄れ、心は穏やかな幸福感にひたされていきました。

私は祈りのなかで主に誓いました。

「たとえ病気が治っても治らなくても、私はハッピー・サイエンスを手伝います。」

私は全世界に主の教えを伝え続けます」

そう思うようになった矢先、思いがけない出来事が現れたのです。

腎不全の発覚後一カ月の診察で、医師は、「信じられない！」と驚きの声を上げました。一時は皮膚の上から形が分かるほど大きく膨《ふく》らんでいた腎臓の異常が、いつのまにか消えていたのです。

（私は、主の奇跡を証明するために生かされたに違いない！）

これからの人生のなかで、自分が果たすべき使命を確信しました。

それが〝主との約束〟だから

一人でも多くの人にエル・カンターレの奇跡を伝えたい――。私は、ハッピー・サイエンスの教えを伝えるための集いを

信者代表で記者会見に

5/17 の記者会見に、現地信者の一人として臨んだロベルトさん。毎週のセミナーで語っているように、信仰と出会った喜びを率直に語った。

開こうと決意しました。

アンティポロ市のあちこちを回り、セミナーが開ける場所を用意する。場所が決まったら、近所の住民たちに参加を呼びかける。大勢の人が集まった時点で、ハッピー・サイエンスのスタッフに、「エル・カンターレとは何か」「ハッピー・サイエンスとはどういう団体か」という説明をしてもらう。そして私も、自分の身に臨んだ奇跡の体験をお話しするのです。

「マスター・リュウホウ・オオカワは、私たちの主であり、奇跡そのものです。奇跡そのものの方ですから、主は、私たちに奇跡を起こすことも可能です。その奇跡によって、病さえ癒《いや》されます。私が、その証明です」

すると、「ハッピー・サイエンスのメン

バーになりたい」という人が、セミナーを開くたびに増えていったのです。毎週土曜日は野外会場でのセミナーが恒例となりました。私は一心に伝え続けました。

そして、なんと、マスターがフィリピンへ巡錫《じゅんしゃく》されることが決まりました！

「この喜び、この奇跡をフィリピン中の人に伝えたい」――私は、週一回だった野外セミナーを、毎日開くようになりました。それから半年、一日も欠かさず、主の奇跡を人々に語り続けました。

時折、「なぜそんなに頑張れるのか」と問う人もいます。私は答えます。

「私はマスターに、『残りの人生すべてを捧げます』と誓いました。今、その誓いを果たそうとしているだけです」と。

それがマスターとの約束だから――。

私は今、新しい福音を宣《の》べ伝えます。
ここが地球における伝道の始まりなのです。

（英語法話「Love and Spiritual Power」より）

弟の病気を知ったときはショックでした。しかし、彼にハッピー・サイエンスを紹介し、教えを実践するよう勧めました。そして、「正心法語《しょうしんほうご》」と「主への祈り」をいつも祈るよう勧めました。驚いたことに彼は病気から回復しました。彼の祈りは応《こた》えられたのです。（姉のマリアンさん）

講演会終了後、興奮に沸き立つ会場で一人たたずむロベルトさんを見かけた。
「Congratulations! 今日まで一日も休まず伝道を続けてきましたね。明日は休むのですか？」と声をかけると、彼から即座に答えが返ってきた。「そんな暇はないですよ。このムーブメントは始まったばかり。これからも、この活動は続けます。なぜなら、それがマスターとの約束だから」。

大川隆法総裁、海外巡錫《じゅんしゃく》直前に連続英語説法

Beyond Human Destiny
（人類の運命を超えて）

5/15 Tokyo Shoshinkan

大川隆法総裁がフィリピンへ発《た》たれる４日前、巡錫のウォーミングアップも兼ねて、在日外国人を主な対象として開かれた英語説法。東京正心館《しょうしんかん》を本会場に、全国各地の精舎《しょうじゃ》が衛星中継で結ばれた。

在日外国人への告知で配られた講演会の開催チラシ

「人類の運命を超えて」と題し、今、幸福の科学で数多く起きている奇跡体験を事例に引きつつ、世間の常識や自然法則を乗り越える力としての「信仰心」の大切さが説かれた法話。

「あなたの運命を幸福に変えたいのならば、真実の光に対する信仰、エル・カンターレ信仰を持たなければならない。私は、根源であるからこそ、人類の運命を変えることができる」と説いた。

There is a river.
（川がある。）

5/17 Happy Science General Headquaters

聖書において、福音の体現者である救世主を川の流れにたとえた言葉になぞらえ、大川隆法総裁が自分自身の半生を一種の詩的表現によって回想された英語説法。

最初は小川だった自分が、人の三倍努力する日々のなかで、やがて大河のように日本から世界へと流れ出すようになった神秘。生誕から大悟まで、そして、救世主として立ち、さらに、地球の神々の主として、宇宙の始原の存在であるとの自覚に至るまでの壮大な流れが語られた。

The Real Exorcist
（真実のエクソシスト）

5/18 Happy Science General Headquaters

キリスト教の悪魔祓《ばら》いの儀式を描いた映画「ザ・ライト」を引き合いにしながら、真のエクソシスト（悪魔祓《ばら》い師）である大川隆法総裁が、悪魔と対決するために有効な方法論を明かした法話。

まず善悪の違いを分けること、神の子としての内なる力を信じること、また、悪霊撃退の修法、日々の精進《しょうじん》、建設的な思いを持つことなどが挙げられ、最終にして最強の武器は信仰そのものであると説かれた。

幸福の科学の悪霊撃退の修法「エル・カンターレ ファイト」の方法が実演された。英語説法で大川隆法総裁が修法指導されたのは初めて。

MISSION 2
MAY 22 2011
HONG KONG
AT KOWLOONBAY INTERNATIONAL TRADE&EXHIBITION CENTER

Kong

香港

大川隆法総裁は、フィリピン講演後、日をおくことなく、翌5月22日には香港へ巡錫《じゅんしゃく》。会場となった九龍湾・国際展貿センターにおいて、"The Fact and The Truth"と題しての英語説法、および講演参加者との質疑応答が行われた。大川隆法総裁の知的でユーモア溢《あふ》れる説法に、かつてなく斬新でスケールの大きな宗教家の出現を感じ取った人々が、講演終了後、競うように翻訳書籍を求める人垣をつくり、会場は大いに賑《にぎ》わった。
ここでは、そのホットな交流の様子を再現する。

香港講演会
2011年5月22日

Hong

このページでは、
アジアのトップランナーとして繁栄する、
香港の特徴を紹介します。

MISSION 2 HONG KONG
香港の歴史と現地事情

アジアの経済的要所

金融業、不動産業、観光業などサービス産業の発展がめざましい。中国へ返還後、アジアの経済的要所として繁栄している。

百万ドルの夜景とも言われる夜の香港のビル街

東京都の約半分の面積

香港は235あまりの島を含め、面積は東京都の約半分に当たる1,103平方キロメートル。人口は約700万人。

高温多湿な亜熱帯気候

香港の気候は、夏の期間が長く、高温多湿な亜熱帯気候に属する。
また、日本と同じく、四季がはっきりとしていることが特徴。

香港の観光用帆船アクアルナ

現在のところ資本主義を維持

香港は、19世紀半ばに清国がアヘン戦争に敗れ、イギリス領となるが、1997年に中国に返還された。現在、香港は特別行政区として、社会主義国家の中国において、「一国二制度」が保たれており、資本主義を維持している。

about Hong Kong

仏教と道教が生活と融合

世界最大級の屋外大仏（23 メートル）として有名な寶蓮《ポーリン》寺の天壇大仏

アジアのトップランナーとして経済的発展を遂《と》げ、ニューヨークの摩天楼《まてんろう》を思わせる高層ビルがそびえる香港。

しかし、物質的発展の一方で、意外に宗教的慣習が残っている。特に、仏教･道教は、生活と融合するかたちで深く日常に入りこんでおり、香港の街を歩けば、いたるところに寺院など宗教施設があるのを目にする。寺院では、主に現世利益《りやく》が願われ、参拝者で賑《にぎ》わっている。

また、仏教･道教以外にもキリスト教、イスラム教、ヒンズー教など、香港には多様な宗教が混在している。香港では、今のところ信教の自由が保障されているのだ。

また、精神世界やスピリチュアルに関心が強く、占いや瞑想に人気がある点は、物質的生活だけに飽き足らない香港人の心のうちをよく表しているだろう。

「世界心霊大導師《ワールド・スピリチュアル・リーダー》」来《きた》る!

大川隆法総裁、香港巡錫決定

大川隆法総裁の香港巡錫《じゅんしゃく》が決まり、あちこちで街頭広告が掲げられ、界隈《かいわい》を賑《にぎ》わせる。5月に入ると、大川隆法総裁の、宗教家・霊能者・大導師・世界教師などのさまざまな側面を表す「世界心霊大導師《ワールド・スピリチュアル・リーダー》」という文字が、道行く人々の目を捉《と》えた。

地下鉄構内の掲示パネル。思わず立ち止まって眺め入る人が多い。

バス停にも「世界心霊大導師《ワールド・スピリチュアル・リーダー》」の広告が。

香港の各種メディアでは、一斉に、近日、「スピリチュアル・マスター」の説法が開催されると紹介。

各紙一斉に大川隆法総裁の紹介記事を掲載

「世界的スピリチュアル・マスターとの交流」
「The Standard」
2011年5月16日付

「ギネス世界記録を更新した作家であり地域を超えた宗教家……」
「頭條日報」2011年5月16日付

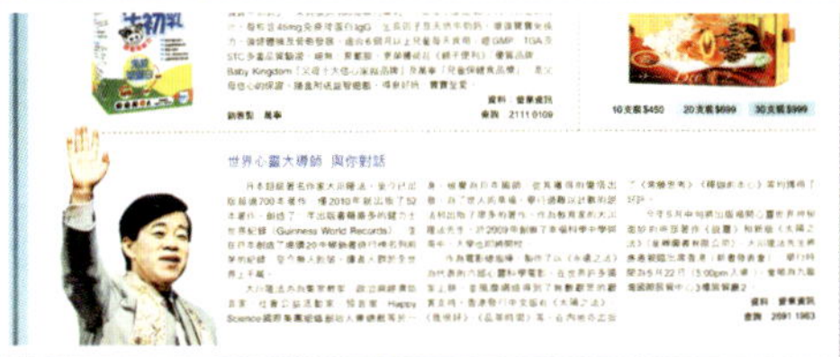

「世界的スピリチュアル・マスターとあなたとの対話」「太陽報」2011年5月11日付

香港の最大手新聞では幸福の科学特集！

「日本の著名な作家にして宗教家・大川隆法創立の幸福の科学では、あらゆる心霊の法則を授ける」
「東方日報」2011年5月16日付

大川隆法総裁、香港講演の会場決定!

香港を代表する施設 九龍湾·国際展貿センター

Kowloonbay International Trade&Exhibition Center

香港での講演会場に選ばれたのは、カオルーンベイ·インターナショナル·トレード·アンド·エキシビション·センター（九龍湾国際展貿中心）。知識人層の多い香港にふさわしく、商業地域の真ん中に位置するアクティブな会場だ。

内部には天井から大胆に空間を切り取った巨大な吹き抜けがあり、昼間は自然光によって明るく照らされている。

香港を代表する国際見本市会場としても有名な場所。展示会場をはじめ、国際会議、演劇、各種イベント等、多目的で使われる複合施設である。

講演当日

暖色の鮮やかな壁面は遠目からもすぐに分かる。扇形の形状をした建物は、見る角度によって、まったく違った形に見える独特の外観。

熱心な人々が早くも順番待ちの列

講演会場のフロアは、3階の円形の空間。メーカーが新製品発表の展示会を催すなど、華やかなイベント会場として使われることが多い。大川隆法総裁の講演を待つ開場待ちの列が、フロアの外周を取り巻く通路沿いに、ぐるりとのびていく。

今回の講演は夜の開催。夕方５時、ついに開場。列をつくって待っていた参加者が一気に会場内へなだれ込んでいく。

開場

今天主題是「事實」與「真實」，改變命運的一天！

今日のテーマは、「事実」と「真実」。
あなたの運命を変える１日となる！

「準備OK！ いつでも大丈夫！」
受付、誘導、書籍コーナー……
各セクションのボランティアが
万全の用意で来場者を待つ。

入会案内コーナーで。この日の入場者の3分の2は、初めて大川隆法総裁の説法を聴く人々。会員限定の神秘の経文『正心法《しょうしんほう》語《ご》』に興味津々。

大川隆法総裁の書籍が大人気!

大川隆法総裁は、「世界心霊大導師」という肩書とともに、「日本超級暢銷書作家」(日本のスーパー・ベストセラー作家)と紹介。一般参加者が講演の前にあらかじめ大川隆法総裁の著作を何冊も買い求める姿が目立つ。この日だけで700冊の書籍が求められた。

THE FACT AND THE TRUTH
「事実」と「真実」

大川隆法総裁、登壇。
香港、そして、中国の未来に臨む。

Good evening, Hong Kong.
I just last night
came back from the Philippines.
I spoke in a large voice,
so I destroyed my throat today.
You are very "lucky" to hear me
with this kind of voice.

香港のみなさん、こんばんは。
私は昨晩、
フィリピンから到着しました。
フィリピンでは、大声で説法をしましたので、
今日は喉をやられてしまいました。
私のこのような声を聴けるみなさんは、
とても"ラッキー"です。

I came here just to declare
that the prosperity of Hong Kong
is very much important
to the prosperity of the future of China.

私がここに来たのは、
ただ、次のことを告げ知らせるためです。
それは、
「香港の繁栄は、未来の中国の繁栄にとって、
とても大事である」
ということです。

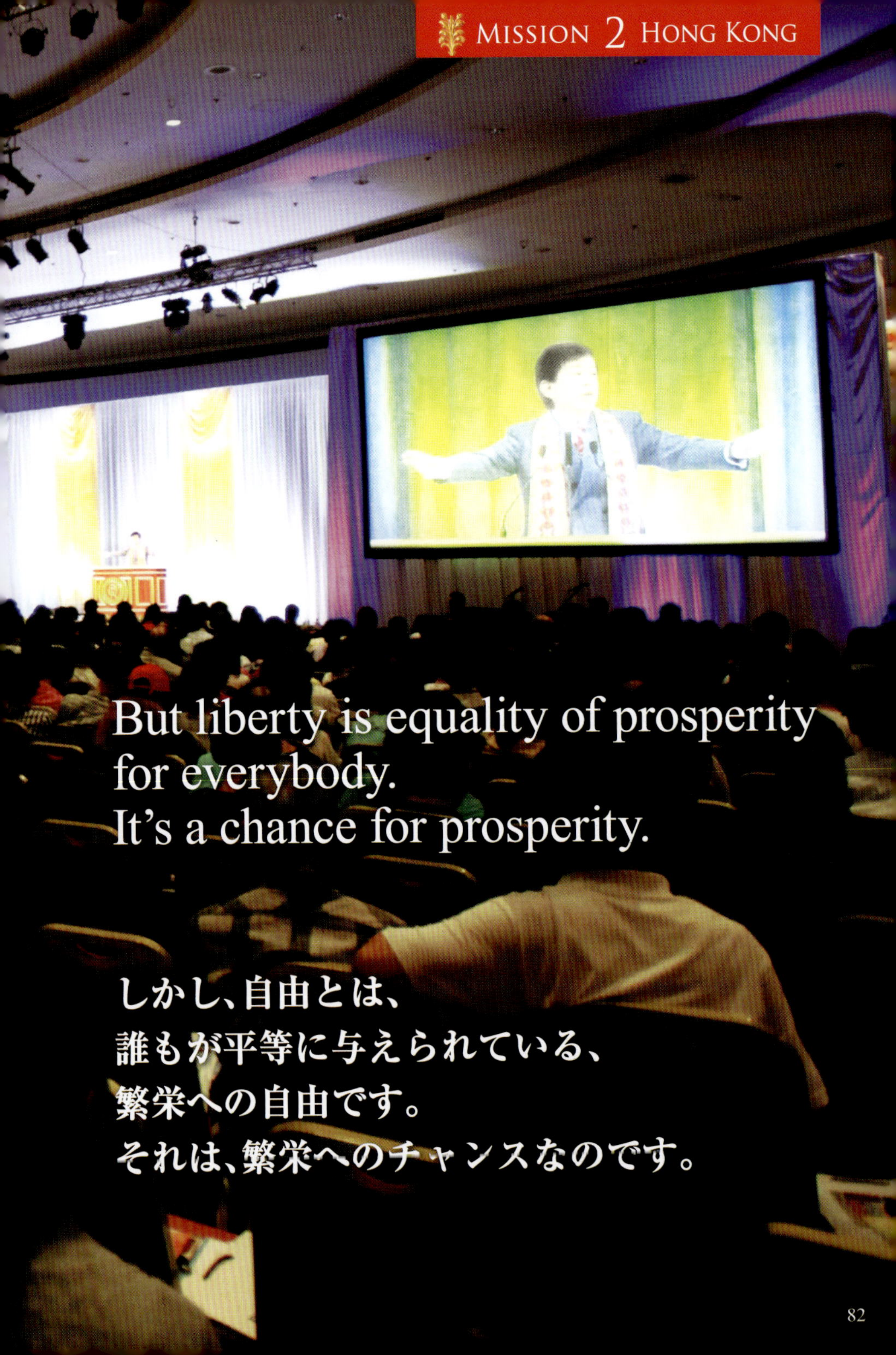

But liberty is equality of prosperity
for everybody.
It's a chance for prosperity.

しかし、自由とは、
誰もが平等に与えられている、
繁栄への自由です。
それは、繁栄へのチャンスなのです。

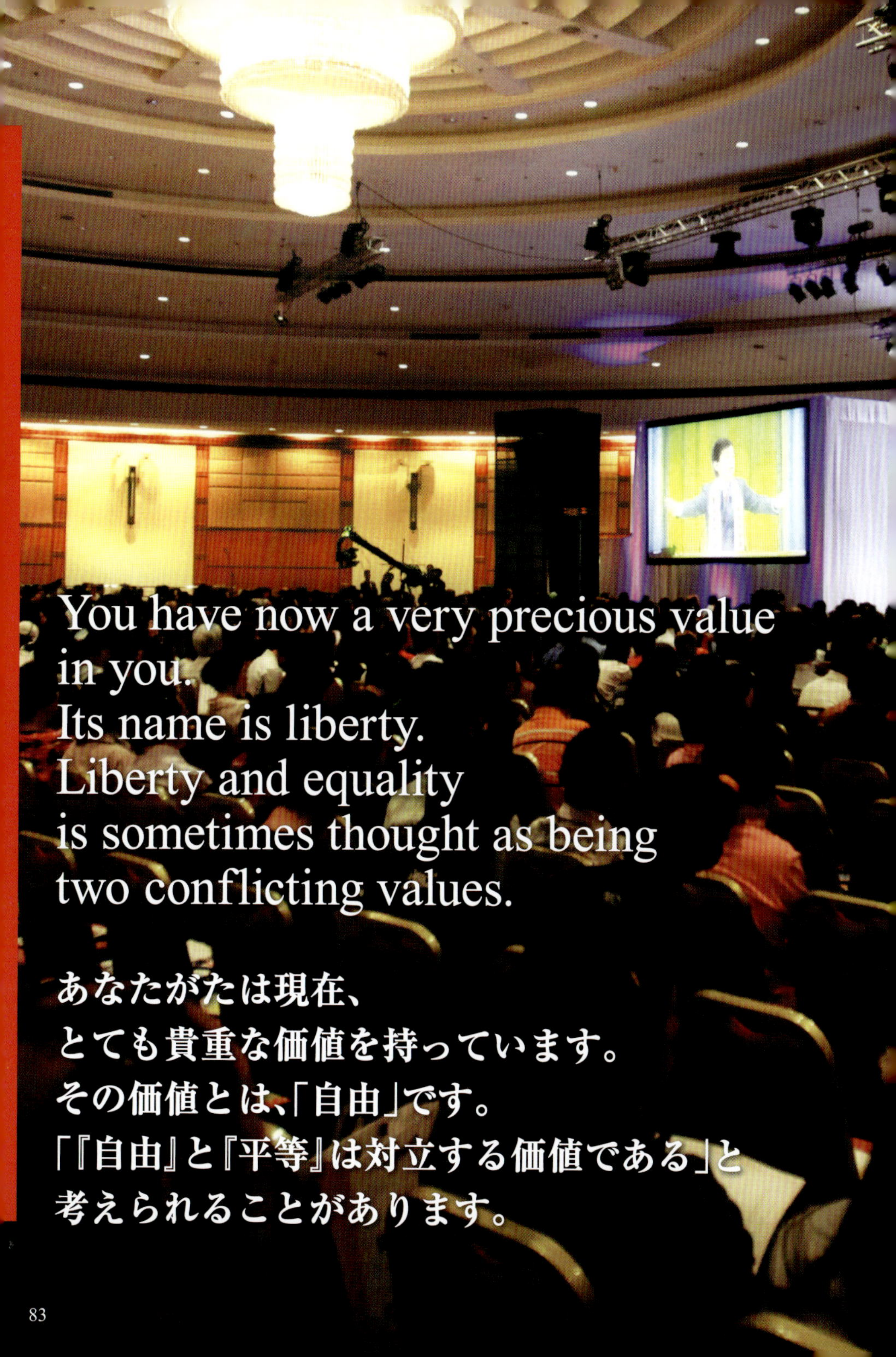

You have now a very precious value
in you.
Its name is liberty.
Liberty and equality
is sometimes thought as being
two conflicting values.

あなたがたは現在、
とても貴重な価値を持っています。
その価値とは､「自由」です。
「『自由』と『平等』は対立する価値である」と
考えられることがあります。

Human beings are happy
because you have the freedom
to think in you.
It's not enabled to anyone
to deprive this from you.

人間は、
自由な考えを許されているからこそ、
幸福なのです。
その自由は、
誰もあなたから奪うことはできません。

さらなる繁栄のために まず「自由」を選ぼう

私がここに来たのは、ただ、次のことを告げ知らせるためです。それは、「香港の繁栄は、未来の中国の繁栄にとって、とても大事である」ということです。

あなたがたは、現在、とても貴重な価値を持っています。その価値とは、「自由」です。自由とは、誰もが平等に与えられている、繁栄への自由です。

もし、あなたが、「自由」と「平等」のどちらかを選ばなければならないなら、まず、「自由」を選ばなければなりません。

人間は、自由な考えを許されているからこそ、幸福なのです。その自由は、誰もあなたから奪《うば》うことはできません。

思想の自由、言論の自由、出版の自由、何か価値あるものを信じる自由は、人間にとって、とても大切なものなのです。

私が今、関心を持っているのは、この真理が香港で理解され、香港から中国全土へと広がっていくことです。

香港講演では、第1部から英語と中国語が併用された。大川隆法総裁の英語説法も中国語に同時通訳（標準語･広東語）された。

天上界の霊存在の前に謙虚であることです。そうすれば、この国は、近い将来、さらに偉大な国になっていくでしょう。

私は、「平和の使者」として、ここに来たのです。

Q 中国や台湾の政治指導者について教えてください。

A 孫文は偉大な人間でした。彼は如来の一人であり、私たちの言葉で言えば、八次元世界の人です。他にも、この国には偉大な政治家が数多くいます。彼らはこの国をより幸福な方向へと導こうとしています。

また、私はここに来るにあたり、林語堂の『人生をいかに生きるか』という著書を読みました。彼は知的であるだけでなく、ユーモアに溢《あふ》れた人でした。

人生にはユーモアが必要です。それが、将来的に人生を再建させていくのです。あなたたちの強みはユーモアです。どうか、国家戦略の拡張路線に、ユーモアを加えてください。それが、世界の人々の幸福へとつながっていくのです。

大川隆法総裁が言及した、中国の偉大な先人たち

孫文《そんぶん》（孫中山《スンジョンシャン》）（1866年 - 1925年）
辛亥革命の指導者。中国・台湾でともに「国父」と呼ばれ、尊敬を集める。民族・民権・民生の「三民主義」を提唱。階級闘争による社会改革に反対し、覇道ではなく王道に基づく平和的方法で社会を発展させる道を訴えた。香港講演で、八次元の霊存在であることが明かされた。

林語堂《リンユータン》（1895年 - 1976年）
中華民国の文学者。欧米2カ国の大学に留学し、北京大学教授を務めた後、アメリカに住み、英文でさまざまな文筆を発表した国際人。自由を愛し、全体主義的なイデオロギーを嫌った。ユーモアの精神でもって個人生活を充実させる大切さを説き、自らを「幽默《ユーモア》居士」と称した。

Q この信仰をどのように伝え、分かち合えばよいでしょうか。

A 中国人は世界の人口の五分の一を占め、世界の方向性、運命を決定づける大国です。私は、特に香港の人々を頼りにしています。繁栄を享受した人は、どうすればこの世で繁栄することができるか、その方法を他の人々に教えることができます。あなたがたは、中国人のリーダーなのです。

もし、香港人が多くの中国人を未来へと導くことができれば、この国の人々をより幸福にしていくことができるでしょう。世界の平和と世界の繁栄は中国にかかっています。私たちは、世界中のすべての人々と仲良くならなければなりません。私たちは、お互いに許し合い、生かし合い、教え合わなければならないのです。

信仰を広める方法について質問したチャン・ティムマンさん（上写真）は、10年前、仕事で実績をあげながらも、どこか虚しさを感じていたとき、書店で偶然、**大川隆法総裁の『工作與愛』（中国語版『仕事と愛』）**に出会った。自分の成功のためだけに働くのではなく、仕事に愛を込めるようになって、人生の意味が大きく変わったという。座右の書には至るところにアンダーラインや書き込みがなされ、ボロボロになるまで読み込まれた跡があった（左写真）。

大川隆法総裁の講演を聴いて

★現地インタビュー★

新しい宗教リーダーのなかで、これほどのユーモアのセンスを持っているのはただ一人、マスター大川のみです。**フレンドシップを強調**されていたことが非常に重要なポイントでした。**香港が、中国に対して模範を示し、アメリカと中国と日本が仲良くなるための重要なヒント**をいただきました。（40代男性・財閥執行董事長《とうじちょう》・会員）

新入会!

孫文の話があったので、非常に親近感を感じました。また**二〇二二年のお話を聞いてとても安心**しました。（40代女性）

内容が**非常に柔軟**で、香港人にとって**分かりやすい内容**でした。非常に素晴らしい御法話です。（40代男性・弁護士・会員）

新入会!

「講演会に参加して、**もっと多くの人を幸せにしたい**と思うようになり、私たち３人、本日入会しました！」（20代男性）

新入会!

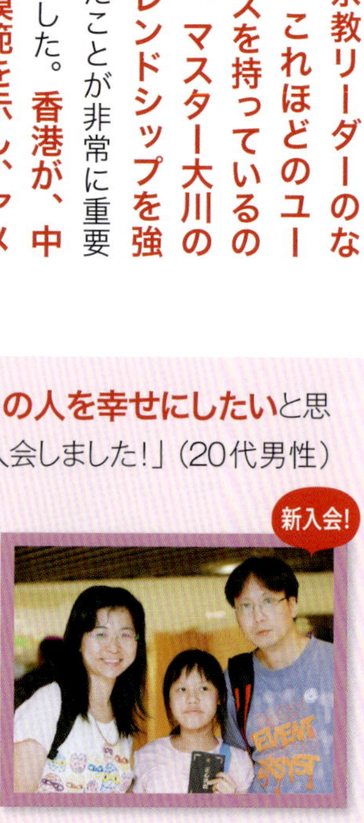

「**本当に世界のことを考え、環境を変えようとしているのだというマスターの思い**が伝わってきたので、入会しました」（40代女性）

大川隆法総裁の説法に感動 新たな入会・三帰誓願が続出！

真の資本主義は自由に基づくものだということが腑《ふ》に落ちました。**日本が〝社会主義〟**だということには驚きましたが、それが真実なんですね。一日も早く震災から立ち直り、**真の自由に基づいた国**になりますことを、心より祈念しています。（30代男性・会員）

先生の、声を嗄《か》らせての御説法の姿、真理を真剣に伝えようとされている情熱に感動しました。今日参加できなかった夫と一緒に入会したい。（30代女性）

新入会！

「**未来に対するポジティブな考え**を示してくれたところに感銘を受け、本日、三帰誓願《さんきせいがん》をすることを決意しました」（40代男性）

活字と映像で広がる霊界ブーム！

講演会前夜、香港のテレビでは、大川隆法総裁製作総指揮による霊界アドベンチャー映画「永遠の法」を放映！

5月21日夜、香港の「アジアテレビ」のチャンネル「ATV World」では、幸福の科学の映画「永遠の法」が放映された。同作品は、大川隆法総裁が製作総指揮した霊界アドベンチャーアニメ作品。ちょうど講演会前日での放映とあって、高い関心を集めた。

新聞コラム「欧米的ユーモアを交《まじ》えて話す大川総裁」

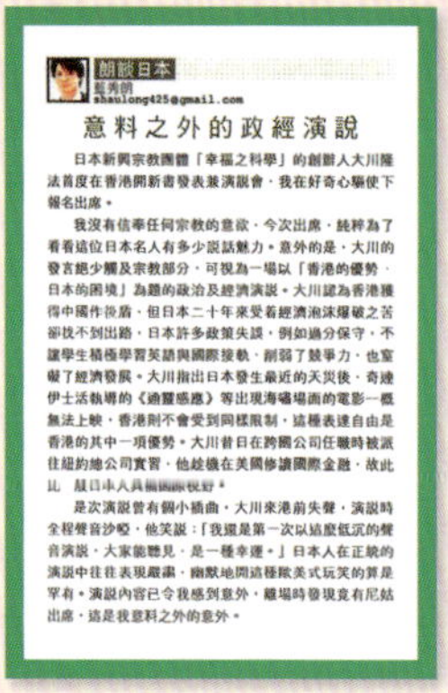

朗談日本
藍秀朗
shaulong425@gmail.com

意料之外的政經演說

日本新興宗教團體「幸福之科學」的創辦人大川隆法首度在香港開新書發表兼演說會，我在好奇心驅使下報名出席。

我沒有信奉任何宗教的意欲，今次出席，純粹為了看看這位日本名人有多少說話魅力。意外的是，大川的發言絕少觸及宗教部分，可視為一場以「香港的優勢，日本的困境」為題的政治及經濟演說。大川認為香港獲得中國作後盾，但日本二十年來受着經濟泡沫爆破之苦卻找不到出路，日本許多政策失誤，例如過分保守，不讓學生積極學習英語與國際接軌，削弱了競爭力，也窒礙了經濟發展。大川指出日本發生最近的天災後，奇連伊士活執導的《過體感應》等出現海嘯場面的電影一概無法上映，香港則不會受到同樣限制，這種表達自由是香港的其中一項優勢。大川昔日在跨國公司任職時被派往紐約總公司實習，他趁機在美國修讀國際金融，故此比較日本人具[illegible]。

是次演說曾有個小插曲，大川來港前失聲，演說時全程聲音沙啞，他笑說：「我還是第一次以這麼低沉的聲音演說，大家能聽見，是一種幸運。」日本人在正統的演說中往往表現嚴肅，幽默地開這種歐美式玩笑的算是罕有。演說內容已令我感到意外，離場時發現竟有尼姑出席，這是我意料之外的意外。

「太陽報」2011年5月28日付　日本語訳・一部抜粋

意外だった政治・経済のスピーチ

私自身は特に宗教に興味があるわけではないが、日本から来たこの有名人がどのような魅力的な話をされるのか知りたくてイベントに参加した。意外なことに、大川氏は香港の優れたことや日本の逆境などついての政治的、経済的な話を行った。

大川氏は香港に来る前に声をつぶしてしまったが、大川氏は「自分がこんな渋い声で話すのは初めてであり、その声を聴ける聴衆のみなさんはとてもラッキーだ」と述べていた。日本人はふつうまじめな話しかしないが、このような欧米的なユーモアを交《まじ》えて話す人は極めて稀《まれ》である。

ブックフェアで人気急上昇！

◀リレイ香港空港出発口店では、大川隆法総裁の新刊推薦コーナーが目を引く。

▲大衆書局九龍湾店では大川隆法著作フェアを開催。

▲大衆書局オリンピアシティ店ではショーウィンドウで著作シリーズをディスプレイ。

Voice

マスターの経典を、全世界へと届けたい！

香港で大川総裁の経典を出版している
星輝図書有限公司 副社長
フォン・ヒュンユンさん(43歳)

私は、香港で出版社の経営をしています。私が、ハッピー・サイエンスと出会ったのは２年前でした。ある出版社からハッピー・サイエンスの香港支部長を紹介され、「大川隆法総裁の経典を出版しないか」という話を受けたことがきっかけでした。

当時、私はハッピー・サイエンスをよく知りませんでしたが、マスターの経典原稿に目を通したとき、私は完全に心を動かされました。そこには、人生の意味、死後の世界など、私が知りたかったことが網羅されていたのです。「この教えは正しい。これはやらなくては！」。私は経典の出版を決意したのです。

そして、今年、マスターが香港に来られ、私は光栄にも、講演会第１部で挨拶《あいさつ》をさせていただいたのです。

マスターの講演はとても自信に溢《あふ》れ、魅力的で、講演を聴き、私は経典出版という仕事の重要さを確信しました。

今、私は、「経典を出版し、人びとを幸福にする責任がある」と使命感に燃えています。私は、出版の仕事を通してこの教えを全世界に届け、人々を幸福にする仕事を果たしたいと思います！

ミナーが大人気！ 香港宗教事情

経済的な発展繁栄の側面ばかり語られることが多い香港。しかし、実際の日常生活においては、物質的生活だけでは飽き足らず、占いや瞑想などの精神世界に関心を寄せる人が少なくない。幸福の科学でも瞑想セミナーは特に人気の高い行事となっている。

5月7日に行われた瞑想セミナー「病《やまい》の原因と霊的癒《いや》しの本当の理由」は、新聞広告を見た一般読者が大勢参加し、大盛況だった。

スピリチュアルへの関心が深い香港人

香港では、大川隆法総裁の書籍は知識層からの反応がよく、スピリチュアルな世界に触れ、人生の有益な智慧を得ようとして学ぶ人が多い。

香港では『太陽の法』『黄金の法』『永遠の法』が人気を博している。毎回のセミナーでは、大川隆法総裁の書籍コーナーに多くの人が詰めかける。

瞑想セミナーに参加して会社が大発展

Leung Ying Wai
リャン・インワイさん

私は仏教徒として100冊以上の仏教書を読み、瞑想を試みていたのですが、満足のいく瞑想ができずにいました。そんなとき、去年の7月に新聞広告で香港支部が行っている「瞑想セミナー」を偶然発見したのです。

支部で受けた「四禅定《しぜんじょう》」は、まさに私の求めていた瞑想そのものでした。瞑想中、まるで月の上に座っているかのような感覚におちいりました。一条の光が私の頭に浮かび、天上界から光が降り注いでくるのを観《み》たのです。

この体験をきっかけに私は入会、三帰誓願《さんきせいがん》をしました。『仏説《ぶっせつ》・正《しょう》心法語《しんほうご》』を毎日読誦《どくじゅ》するようになってからは、「この教えこそ人生の真理だ」と確信しました。

私は支部で行われる「瞑想セミナー」に毎回参加し、あるとき支部で「収入倍増の瞑想」を受けた後、なんと会社が1カ月で半年分の利益を上げたり、今はそれ以上の契約がまとまりそうになったりしています。そのため大講演会の前日には大きなオフィスに引っ越すことになりました。すべては主が起こしてくださった奇跡だと感謝しています。

香港の街を歩けば、寺院などの宗教建築が目につく。香港では現在のところ信教の自由が保障されており、伝統仏教や道教的な民間信仰などが根強く残っている。宗教に現世利益が求められる傾向が強い。

体験

「四《よん》正《しょう》道《どう》こそ人類を導く教えだ！」仏教徒が幸福の科学の教えに目覚めて

人を幸福にする教えを探し求め、伝統仏教を学んでいたチャンさん。しかし深く学ぶにつれ、限界を感じるようになりました。そんなとき、幸福の科学の信仰に出会い、転向するに至った体験についてご紹介します。

Steven Cheng
スティーブン・チャンさん
（37歳）

伝統仏教に限界を感じて

以前、私はマヤ暦で人類滅亡が予言されているといわれる「二〇一二年問題」に関心があり、何とか救いになる教えがないかと探し求めていたとき、友人から伝統仏教の本をもらったのをきっかけに仏教徒になりました。それから私は約四百冊の仏教書を読んで勉強を重ねました。

しかし、経典はさまざまな時代を経《へ》ているためか、教えに古さと数多くの矛盾があり、形骸《けいがい》化していると感じます。経典を読んだだけでは、仏教をどう生かして生きていけばよいかが分かりませんでした。

講演会直前に行われた香港支部主催のセミナーにて。

現代的で実践的な教えに感動

　そんなとき、私は、知人をきっかけにして幸福の科学と出会いました。私は教えの素晴らしさに感動し、出会った翌日に香港支部を訪れました。そこで支部長からさらに詳しく幸福の科学の基本教義を教えてもらい、心から感動。その日のうちに入会させていただいたのです。

　幸福の科学の教えのなかで、いちばん感銘を受けたのは、**愛・知・反省・発展の「四正道《よんしょうどう》」**の教えです。伝統仏教にも智慧や反省の教えはありますが、愛と発展の教えは弱く、その点、とても勉強になりました。

　仏教で愛の教えに当たる教えは慈悲であると思いますが、その慈悲をこの世でどう実践すればよいかまでは十分に説かれていないと感じます。

　一方、幸福の科学では、**「愛の発展段階説」や菩薩への道**が段階的に示されています。幸福の科学の教えは**現代的で一貫し、実践的**です。伝統仏教の教えを内包しながらも、**それを超えるもの**です。

　四正道こそ、長年、私が求めていた**「世界を救い、人々を幸福にする教え」**であると実感しました。

チャンさんは語学が堪能なため、
複数の言語が混在する香港支部では頼りになる存在。

この教えを世界に弘めたい

　五月二十二日には、香港で初めて大川隆法総裁の大講演会がありました。講演会を成功に導くため、私も支部でのボランティアや伝道活動に励《はげ》ませていただきました。

　先生の教えは**すべての人を幸福にする教え**です。講演を機に、多くの人に先生の教えを知ってもらえて嬉《うれ》しかったです。

　私の今の目標は、現在、日本で出版されている経典七百冊すべてを読むことです。私は経典を読むたびに大川隆法総裁に近づけるように感じ、言葉にできない感動で胸がいっぱいになります。

　この幸せを世界中の人に知ってもらいたい。そう願ってやみません。

EPILOGUE
エピローグ

地球規模の危機の時代だからこそ至高神エル・カンターレが降臨した

幸福の科学グループ創始者 兼 総裁
大川隆法

私たちは、宗教の伝道として、全世界に向けて教えを宣《の》べていきます。

霊界の秘密、天上界の秘密として、「エル・カンターレという存在がある」ということを、今回、初めて明らかにしました。

今こそ、「地球系霊団の至高神が、いったい誰であるのか。どういう考えでもって、過去、人類を指導してきたのか。そして、現在、指導しているのか。今後、指導していくのか」ということを明らかにするときが来たと考えているわけです。

人口が百億を迎えようとしている今、出てこない救世主はいません。今は、救世主が必ず出てくる時期なのです。

人類が知っている歴史のなかで、今、最大の人口を迎えていると同時に、地球規模での災害や苦難が襲《おそ》うかもしれない現時点において、救世主、いや、大救世主が、生まれてこないわけはないのです。

その主の名を、「エル・カンターレ」といいます。そういうことを宣べています。これが真実であると実証できるかどうかは、あなたがた一人ひとりの力にかかっています。

（『愛、自信、そして勇気』第1章「伝道の精神を鍛える」より）

● **SRI LANKA** (スリランカ)
❖ No.53, Ananda Kumaraswamy Mawatha, Colombo 7 Sri Lanka
TEL.94-011-257-3739 **MAIL.srilanka@happy-science.org**

● **NEPAL** (ネパール)
❖ Kathmandu Metropolitan City, Ward No-9, Battisputali, Gaushala, Surya Bikram Gynwali Marga, House No.1941, Kathmandu
TEL.977-0144-71506 **MAIL.nepal@happy-science.org**

● **PHILIPPINES** (フィリピン) ※2011年7月移転予定
❖ Gold Loop Tower A 701, Escriva Drive Ortigas Center Pasig City 1605, Metro Manila, Philippines
MAIL.philippines@happy-science.org

● **THAILAND** (タイ)
❖ Between Soi 26-28, 710/4 Sukhumvit Rd.,Klongton,klongtoey,Bangkok 10110
TEL.66-2-258-5750 **FAX.**66-2-258-5749
MAIL.bangkok@happy-science.org

● **SEOUL** (ソウル)
❖ 162-17 Sadang3-dong,Dongjak-gu, Seoul, Korea
TEL.82-2-3478-8777 **FAX.**82-2-3478-9777
MAIL.korea@happy-science.org

● **TAIPEI** (台北)
❖ No.89, Lane 155, Dunhua N. Rd., Songshan District, Taipei City 105, Taiwan
TEL.886-2-2719-9377 **FAX.**886-2-2719-5570
MAIL.taiwan@happy-science.org

● **SINGAPORE** (シンガポール)
❖ 190 Middle Road # 16-05, Fortune Centre, Singapore 188979
TEL.65-6837-0777/6837-0771 **FAX.**65-6837-0772
MAIL.singapore@happy-science.org

● **HONG KONG** (香港)
❖ Unit A, 3/F-A Redana Centre, 25 Yiu Wa Street, Causeway Bay
TEL.85-2-2891-1963 **MAIL.hongkong@happy-science.org**

● **SYDNEY** (シドニー)
❖ Suite 17, 71-77 Penshurst Street, Willoughby, NSW 2068, Australia
TEL.61-2-9967-0766 **FAX.**61-2-9967-0866
MAIL.sydney@happy-science.org

● **MELBOURNE** (メルボルン)
❖ 11 Nicholson Street, Bentleigh, VIC 3204
TEL.61-4-9557-8477 **FAX.**61-3-9557-8334
MAIL.melbourne@happy-science.org

● **BONDI(SYDNEY EAST)** (ボンダイ)
❖ Suite 3, 354 Oxford Street, Bondi Junction, 2022
TEL.02-938-777-63 **FAX.**02-938-747-78
MAIL.bondi@happy-science.org

● **NEW ZEALAND** (ニュージーランド)
❖ 409A Manukau Road Epsom 1023 Auckland, New Zealand
TEL.64-9-630-5677 **FAX.**64-9-6305676
MAIL.newzealand@happy-science.org

● **INDIA(DELHI)** (デリー)
❖ 314-319,Aggarwal Sqare Plaza, Plot-8, Pocket-7, Sector-12, Dwarka, New Delhi-7S
TEL.91-11-4511-8226 **MAIL.newdelhi@happy-science.org**

● **INDIA(BODHGAYA)** (ブッダガヤ)
❖ Near Sujata Bridge, Village Bakraur, Bodh-gaya, Gaya, Bihar, 824231
MAIL.bodhgaya@happy-science.org

● **NIGERIA** (ナイジェリア)
❖ 1st Floor, 2A Makinde Street, Alausa, Ikeja, off Awolowo Way, Ikeja-Lagos State, Nigeria
TEL.234-805580-2790 **MAIL.nigeria@happy-science.org**

● **UGANDA** (ウガンダ)
❖ Plot 17 Old Kampala Road, Kampala, UGANDA P.O.BOX 34130
TEL.256-78-4728601 **MAIL.uganda@happy-science.org**
URL.www.happyscience-uganda.org

世界80カ国以上に広がる Happy Science

いま、「大川隆法総裁の心の教えを学び、人生に希望を持った」という人が、国籍、人種を超えて、世界中に増えています。世界 80カ国以上に信者が広がり、支部や拠点も次々と開設。2011年にも精舎や支部精舎の落慶が数多く予定されています。海外在住の知人・友人の方、また、国内にお住まいの外国人の方にも、ぜひHappy Scienceのことをお伝えください。

● **TOKYO** (東京)
❖ 6F 1-6-7 Togoshi, Shinagawa, Tokyo, 142-0041, Japan
TEL.03-6384-5770 **FAX.**03-6384-5776
MAIL.**tokyo@happy-science.org**

● **NEW YORK** (ニューヨーク)
❖ 79 Franklin Street, New York, New York 10013, U.S.A.
TEL.1-212-343-7972 **FAX.**1-212-343-7973
MAIL.**ny@happy-science.org**

● **LOS ANGELES** (ロサンゼルス)
❖ 1590 E. Del Mar Blvd, Pasadena, CA 91106, U.S.A.
TEL.1-626-395-7775 **FAX.**1-626-395-7776
MAIL.**la@happy-science.org**

● **CHICAGO** (シカゴ)
❖ 966 Estes Ct, Schaumburg, IL 60193 U.S.A
TEL.1-630-284-9784 MAIL.**chicago@happy-science.org**

● **FLORIDA** (フロリダ)
❖ 12208 N 56th St., Temple Terrace, Florida 33617
TEL.1-813-914-7771 **FAX.**1-813-914-7710
MAIL.**florida@happy-science.org**

● **NEW JERSEY** (ニュージャージー)
❖ 725 River Road, Suite 58, Edgewater, NJ 07020
TEL.1-201-313-0127 **FAX.**1-201-313-0120
MAIL.**nj@happy-science.org**

● **SAN FRANCISCO** (サンフランシスコ)
❖ 525 Clinton St., Redwood City, CA 94062, U.S.A.
TEL/FAX.1-650-363-2777 MAIL.**sf@happy-science.org**

● **HAWAII** (ハワイ)
❖ 1221 Kapiolani Blvd, Suite 920, Honolulu, Hawaii 96814, U.S.A.
TEL.1-808-591-9772 **FAX.**1-808-591-9776
MAIL.**hi@happy-science.org**

● **KAUAI** (カウアイ)
❖ 4504 Kukui St, Suite 21, Kapaa, HI 96746, P.O.Box 1060
TEL.1-808-822-7007 **FAX.**1-808-822-6007
MAIL.**kauai-hi@happy-science.org**

● **TORONTO** (トロント)
❖ 323 College St.Toronto ON Canada M5T 1S2
TEL.1-416-901-3747 MAIL.**toronto@happy-science.org**

● **VANCOUVER** (バンクーバー)
❖ #212-2609 East 49th Avenue,Vancouver, BC,V5S 1J9 Canada
TEL.1-604-437-7735 **FAX.**1-604-437-7764
MAIL.**vancouver@happy-science.org**

● **LONDON** (ロンドン)
❖ 3 Margaret Street, London W1W 8RE United Kingdom
TEL.44-20-7323-9255 **FAX.**44-20-7323-9344
MAIL.**eu@happy-science.org**

● **GERMANY** (ドイツ)
❖ Klosterstr. 112, 40211 Dusseldorl, Germany
TEL.49-211-93652470 **FAX.**49-211-93652471
MAIL.**germany@happy-science.org**

● **AUSTRIA** (オーストリア)
❖ Zentagasse 40-42/1/1b, 1050 Wien, Austria/EU
TEL/FAX.43-1-9455604
MAIL.**austria-vienna@happy-science.org**

● **FRANCE** (フランス)
❖ 56, rue Fondary 75015 Paris France
TEL.09-50-40-11-10 **FAX.**09-55-40-11-10
MAIL.**france@happy-science.org**

● **FINLAND** (フィンランド)
MAIL.**finland@happy-science.org**

● **MEXICO** (メキシコ)
MAIL.**mexico@happy-science.org**

● **SOUTH AFRICA** (南アフリカ)
❖ 55 Cowey Road, DURBAN,4001
TEL.031-2071217 **FAX.**031-2076765
MAIL.**southafrica@happy-science.org**

● **SAO PAULO** (サンパウロ)
❖ R. Domingos de Morais 1154, Vila Moriana, Sao Paulo, SP-CEP 04009-002
TEL.55-11-5088-3800 **FAX.**55-11-5088-3806
MAIL.**sp@happy-science.org**

大川隆法総裁、海外巡錫の歩み

その歩みを、各法話のキーフレーズと共にダイジェストでご紹介します。

2008 6/15
ソウル
「信じ合う心」

「どうか、民族意識を超えて、普遍的なる真理を求めてください」

2007 11/18
ハワイ
"Be Positive"

「イエスが『父』と呼んだ存在が、エル・カンターレなのです」

2008 7/27
ロンドン
"What is Real Life?"

「真実の人生は、霊的人生です。本物の信仰を持ってください」

2008 3/21
サンフランシスコ
"On Happiness"

「仏性と瞑想は、幸福を実現するために不可欠なものです」

2008 9/28
ニューヨーク
"The Way to Success"

「私のもとに集い、共に活動し、この世の闇と戦ってください」

2008 3/23
ロサンゼルス
"Happy Attitude"

「幸福になる生き方とは、神と隣人を愛し、善行を積むことです」

Special Appendix

Worldwide Lectures

2007年以降、海外各地への巡錫を本格的に開始した大川隆法総裁。

PICK UP

2008 11/9 台湾（台北支部精舎）「仏国土ユートピアの実現」

台湾をめぐる国際情勢に触れながら、「民主主義の時代は、宗教が繁栄《はんえい》する時代である」「民主主義が尊いのは、民主主義は繁栄主義だからである」という二つの観点から、世界を繁栄させる民主主義の重要性が説かれた。

現在のアジア情勢の危機に先駆ける法話だった。

本法話を第4章に収録
『朝の来ない夜はない』
大川隆法 著
幸福の科学出版刊

2010 11/12 サンパウロ「真実への目覚め」

「人間は、自分自身を変え、つくっていくことができるのです」

2010 11/7 サンパウロ「神秘の力について」

「奇跡を引き起こす原因は、ただ一点、『信仰』なのです」

2010 11/14 サンパウロ「愛と天使の働き」

「信仰によって、神への道を歩み、天使となってください」

2010 11/9 ソロカバ「常勝思考の力」

「人生の出来事すべてを自分を磨く材料としてください」

2010 11/10 ジュンジャイ「幸福への道」

「他の人々に愛を与える道に、みなさんの幸福は開けます」

BOOKS

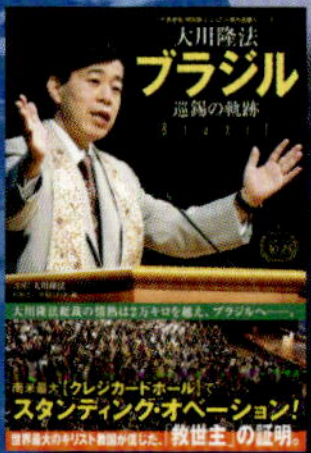

ブラジル巡錫を収録

大川隆法総裁のブラジル巡錫の全説法を収録した書籍と、巡錫の軌跡を伝える写真集。

Special Appendix

Worldwide Lectures
大川隆法総裁、海外巡錫の歩み

2011 3/4 カトマンズ "Life and Death"

「死後の世界とは、あなたの心の状態にあった世界です」

2011 2/27 デリー "Faith and Love"

「次の時代には、愛を含んだ信仰が必要なのです」

2011 3/6 ブッダガヤ "The Real Buddha and New Hope"

「悟りとは、21世紀から30世紀、それ以降における希望です」

2011 3/2 ムンバイ "How to Succeed in Life"

「悟りの香りを放つことが、本当の意味での人生の成功です」

BOOKS

インド・ネパール巡錫を収録
大川隆法総裁のインド・ネパール巡錫の様子を豊富なビジュアルで紹介。

2009 3/29 シドニー "You Can Be the Person You Want to Become"

「偉大な人になりたいと思うならば、目的が必要です」

世界中の人々と幸福のネットワークを

―幸福の科学グループの災害復興支援、チャリティ活動―

現在、世界各地には、災害や戦乱、貧困等で苦しまれる人々が数多くいます。幸福の科学グループでは、魂《たましい》を救済する宗教活動が最大の社会貢献であり、公益活動だと考えています。「世界の人々の苦しみが和らぎ、幸福になるためのお手伝いがしたい」という思いを込めて、被災地への物資の支援や環境整備のお手伝い、紛争地域への人道支援、心を潤《うるお》す仏法真理の書籍の贈呈など、物心両面からの支援活動を続けております。

〈最近の災害復興支援例〉

- ●2011年3月、東日本大震災の被災地への人的支援、必要生活物資および義援金による支援、教団施設の臨時開放等。
- ●2011年2月、ニュージーランドの地震被災地に対する復興支援。
- ●2011年2月、オーストラリア北東部の豪雨による広範囲での土砂崩れや洪水、超大型サイクロン等の自然災害に対する復興支援。
- ●2011年1月、ブラジルの豪雨と洪水、地滑りによる大規模災害に対する復興支援。
- ●2010年3月、ウガンダ東部の土砂災害で、赤十字難民キャンプに対して毛布1000枚を寄贈。
- ●2010年3月、大規模な地震と津波で甚大な被害を受けたチリ大地震被災地に対する復興支援。
- ●2010年1月に起きたハイチ大地震に対する復興支援。
- ●2009年9月、スマトラ島沖地震の被災地に対する復興支援。
- ●2008年5月、中国四川大地震の被災者向けに最新式のテントを提供。

〈最近のチャリティ活動例〉

- ●デリー近郊のスラムで、現地会員有志から送られた古着のチャリティを実施。
- ●マザー・テレサの施設への毛布寄贈や、孤児院などでの食料品や医療品の提供。
- ●ウガンダの学校や病院に対し、マラリア対策として蚊帳《かや》の寄贈。
- ●インド中部のオーランガバードの小学校に対し、文房具セットを寄贈。
- ●インドで経済的な理由で治療を受けられない人々への医療チャリティ。
- ●ネパールの学業優秀で貧しい子供たちへの奨学金支給と校舎建設支援。

「不惜身命《ふしゃくしんみょう》」特別版《とくべつばん》・ビジュアル海外巡錫《かいがいじゅんしゃく》シリーズ

大川隆法《おおかわりゅうほう》 フィリピン・香港《ホンコン》 巡錫《じゅんしゃく》の軌跡《きせき》

2011年6月30日　初版第1刷

監　修　大《おお》　川《かわ》　隆《りゅう》　法《ほう》

編　集　宗教法人 幸福の科学

発行所　幸福の科学出版株式会社
〒142-0041 東京都品川区戸越1丁目6番7号
TEL(03)6384-3777
http://www.irhpress.co.jp/

印刷・製本　株式会社サンニチ印刷

落丁・乱丁本はおとりかえいたします

ISBN978-4-86395-138-9 C0014

「真の幸福とは何か？」を人類に問いかける――

大川隆法総裁著書のご案内

●累計著作数700冊以上

大川隆法総裁は、その中心的思想となる「法シリーズ」をはじめ、古今東西の霊人のメッセージを伝える「公開霊言シリーズ」、政治経済等の時事提言等、すべての人を幸福に導くために、あらゆる分野を超えた著作を世に問い続けています。「あなたの人生を変える1冊」が必ず見つかります。

●年間最多発刊点数52冊（2009～2010年 ギネス世界記録認定）

大川隆法 ベストセラーズ・法シリーズ

日本を甦らせるための2冊――2011年上半期ベストセラー

教育の法
信仰と実学の間で

いじめ問題を始め、さまざまな問題を抱えている現代日本の教育現場を再生させる方法が示された一冊。

救世の法
信仰と未来社会

信仰を持つことの功徳や、民族・宗教対立を終わらせる考え方など、地球の至高神から人類への希望が示された書。

各1,800円

愛と悟り、文明の流転、そして未来史――現代の聖典「基本三法」

法体系

太陽の法
エル・カンターレへの道

時間論

黄金の法
エル・カンターレの歴史観

空間論

永遠の法
エル・カンターレの世界観

各2,000円

大川隆法監修・巡錫《じゅんしゃく》説法シリーズ

特別版 ビジュアル海外巡錫シリーズ

不《ふ》惜《しゃく》身《しん》命《みょう》

大川隆法 インド・ネパール巡錫の軌跡

［監修］ 大川隆法　　宗教法人 幸福の科学 編

A5判 オールカラー

2011年2月から3月にかけ、大川隆法総裁が仏教発祥の地、インドとネパールで4連続講演を決行。「再誕の仏陀」と4万人超の聴衆が生み出す、熱気あふれるビジュアルブック。

1,300円

特別版 ビジュアル海外巡錫シリーズ

不《ふ》惜《しゃく》身《しん》命《みょう》

大川隆法 ブラジル巡錫の軌跡

［監修］ 大川隆法　　宗教法人 幸福の科学 編

A5判 オールカラー

2010年11月、南米最大規模の会場クレジカードホールで行われた大講演会をはじめ、ブラジル国内の各支部精舎などでの説法（全5回）と、現地信者の奇跡体験などが満載。

1,300円

大川隆法 伝道の軌跡――不惜身命シリーズ

大川隆法 伝道の軌跡
不惜身命

1,800円

大川隆法 伝道の軌跡
―勇気への挑戦―
不惜身命 2009

1,800円

大川隆法 伝道の軌跡
―新時代への創造―
不惜身命 2010

2,000円

幸福の科学出版 ※表示価格は本体価格（税別）です。

幸福の科学のご案内

宗教、教育、政治、出版などの活動を通じて、地球的ユートピアの実現を目指しています。

宗教法人 幸福の科学

一九八六年に立宗。一九九一年に宗教法人格を取得。信仰の対象は、地球系霊団の最高大霊、主エル・カンターレ。世界八十カ国以上に信者を持ち、全人類救済という尊い使命のもと、信者は、「愛」と「悟り」と「ユートピア建設」の教えの実践、伝道に励んでいます。

（二〇一一年六月現在）

公式サイト

http://www.happy-science.jp

愛

幸福の科学の「愛」とは、与える愛です。これは、仏教の慈悲や布施の精神と同じことです。信者は、仏法真理をお伝えすることを通して、多くの方に幸福な人生を送っていただくための活動に励んでいます。

悟り

「悟り」とは、自らが仏の子であることを知るということです。教学《きょうがく》や精神統一によって心を磨《みが》き、智慧《ちえ》を得て悩みを解決するとともに、天使・菩薩の境地を目指し、より多くの人を救える力を身につけていきます。

ユートピア建設

私たち人間は、地上に理想世界を建設するという尊い使命を持って生まれてきています。社会の悪を押しとどめ、善を推し進めるために、信者はさまざまな活動に積極的に参加しています。

海外支援・災害地支援

国内外の世界で貧困や災害、心の病で苦しんでいる人々に対しては、現地メンバーや支援団体と連携して、物心両面にわたり、あらゆる手段で手を差し伸べています。

自殺を減らそうキャンペーン

年間3万人を超える自殺を減らすため、全国各地で街頭キャンペーンを展開しています。

公式サイト

http://www.withyou-hs.net/

ヘレンの会

ヘレン・ケラーの生き方を一つの理想として活動する、ハンディキャップを持つ方とボランティアの会です。視聴覚障害者、肢体不自由な方々に仏法真理を学んでいただくための、さまざまなサポートをしています。

公式サイト

http://www.helen-hs.net/

INFORMATION

お近くの精舎《しょうじゃ》・支部・拠点など、お問い合わせは、こちらまで！

幸福の科学サービスセンター

TEL. 03-5793-1727（受付時間 火〜金：10〜20時／土・日：10〜18時）

幸福の科学グループサイト **http://www.hs-group.org/**

入会のご案内

あなたも、幸福の科学に集い、ほんとうの幸福を見つけてみませんか？

幸福の科学では、大川隆法総裁が説く仏法真理をもとに、「どうすれば幸福になれるのか、また、他の人を幸福にできるのか」を学び、実践しています。

入会

大川隆法総裁の教えを学ぼうとする方なら、どなたでも入会できます。入会された方には、『入会版「正心法語《しょうしんほうご》」』が授与されます。（入会の奉納は1,000円目安です）

ネットでも**入会**できます。詳しくは、下記URLへ。
http://www.hs-group.org/

三帰《さんき》誓願《せいがん》

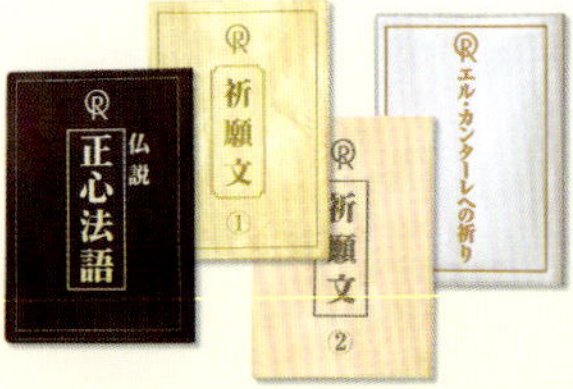

仏弟子としてさらに信仰を深めたい方は、仏《ぶっ》・法《ぽう》・僧《そう》の三宝《さんぽう》への帰依《きえ》を誓う「三帰誓願式《さんきせいがんしき》」を受けることができます。三帰誓願者には、『仏説《ぶっせつ》・正心法語《しょうしんほうご》』『祈願文《きがんもん》①』『祈願文②』『エル・カンターレへの祈り』が授与されます。

植福《しょくふく》の会

植福は、ユートピア建設のために、自分の富を差し出す尊い布施の行為です。布施の機会として、毎月1口1,000円からお申込みいただける、「植福の会」がございます。

「植福の会」に参加された方で、ご希望の方には、幸福の科学の小冊子（毎月1回）をお送りいたします。詳しくは、下記の電話番号までお問い合わせいただくか、公式ホームページをご確認ください。

月刊「幸福の科学」

ザ・伝道

ヘルメス・エンゼルズ

ヤング・ブッダ

INFORMATION	**幸福の科学サービスセンター** **TEL. 03-5793-1727**（受付時間 火〜金：10〜20時／土・日：10〜18時） 宗教法人 幸福の科学 公式サイト **http://www.happy-science.jp**